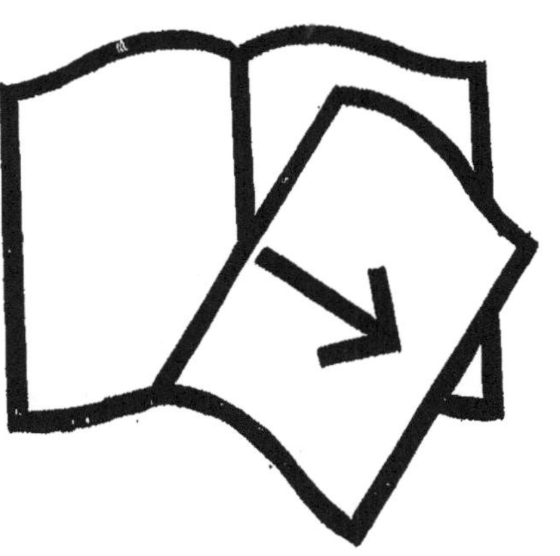

Couverture inférieure manquante

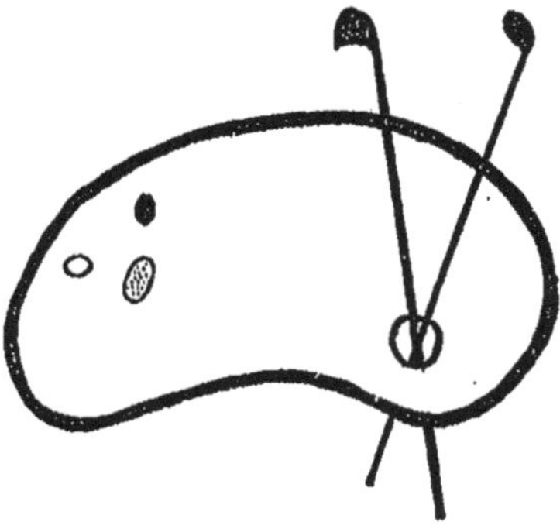

DEBUT D'UNE SERIE DE DOCUMENTS
EN COULEUR

FACULTÉ DE DROIT DE PARIS

LES LOIS RELATIVES A L'ÉPARGNE de LA FEMME MARIÉE

Leur importance pratique pour la protection de l'épouse dans les classes laborieuses.

THÈSE POUR LE DOCTORAT
présentée et soutenue le 25 mai à une heure

PAR

ALBERT AFTALION
Lauréat de la Faculté de Droit de Nancy (5 prix).
(Lauréat de la Faculté de Droit de Paris (Prix Rossi, Concours de 1897)

Président : M. ESMEIN, *professeur*.
Suffragants : MM. PLANIOL, CHÉNON *professeurs*.

PARIS
A. PEDONE, Éditeur
LIBRAIRE DE LA COUR D'APPEL ET DE L'ORDRE DES AVOCATS
13, Rue Soufflot, 13
1898

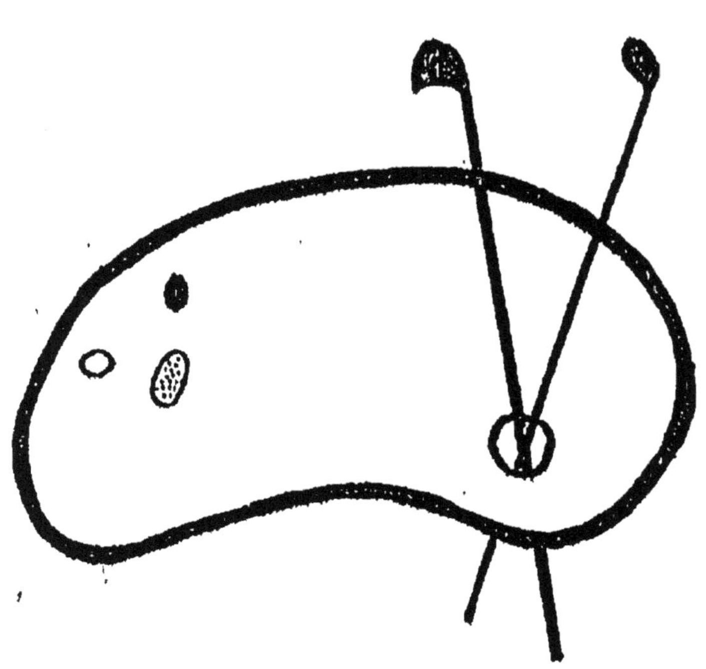

FIN D'UNE SERIE DE DOCUMENTS
EN COULEUR

LES LOIS

RELATIVES A L'ÉPARGNE

DE LA FEMME MARIÉE

DU MÊME AUTEUR

Pour paraître prochainement

Les droits précuniaires de la femme mariée

(Ouvrage couronné par la Faculté de droit
de Paris. Prix Rossi, 1897).

LES LOIS RELATIVES A L'ÉPARGNE de LA FEMME MARIÉE

Leur importance pratique pour la protection
de l'épouse
dans les classes laborieuses.

PAR

ALBERT AFTALION

Docteur en Droit.

PARIS
A. PEDONE, Éditeur
LIBRAIRE DE LA COUR D'APPEL ET DE L'ORDRE DES AVOCATS
13, Rue Soufflot, 13

1898

PRÉFACE

Parmi cet ensemble de questions relatives à la femme qui préoccupent l'opinion contemporaine, le problème de la condition juridique de l'épouse dans les classes laborieuses paraît être l'un des plus douloureux, et de ceux qui exigent la plus prompte solution. Publicistes et jurisconsultes s'accordent à déplorer la situation d'une femme soumise, sans protection efficace, aux pouvoirs étendus d'un mari, parfois indigne. Ses salaires, ses économies, indispensables pourtant à son entretien et à celui de ses enfants, sont légalement à la disposition du mari, seul juge de leur emploi, libre, s'il lui plaît, de les dissiper dans l'inconduite. De divers côtés on a cherché un remède contre les abus possibles de la part des maris. Certaines associations ont sollicité des pouvoirs publics une réforme du droit matrimonial sur ce point. Des propositions de loi ont été déposées. Elles ont déjà obtenu un vote favorable de la Chambre des Députés.

Mais dans tous ces efforts faits pour améliorer le sort de l'épouse dans les classes populaires, on néglige injustement les tentatives déjà effectuées dans le même sens ; on oublie en particulier les lois récentes sur les Caisses d'Epargne, ou on n'en parle que dédaigneusement. Le secours qu'elles auraient apporté à la femme pauvre serait insignifiant ou illusoire. La faculté d'épargne qu'elles lui confèrent, est une simple tolérance, que le mari est maître de faire cesser.

Il est vrai qu'à certains égards cette opinion est justifiée par le texte des lois sur les Caisses d'Epargne. Les travaux préparatoires de ces lois également, l'interprétation la plus généralement répandue en doctrine, ne donnent pas aux dispositions relatives à l'épouse une plus large portée.

Mais les lois subissent souvent une transformation profonde, lorsqu'elles passent de la formule écrite à l'application concrète. Au contact des faits, les principes théoriques perdent leur netteté abstraite. Ils ne s'adaptent parfois à la réalité qu'en se dépouillant de leur rigueur ou de leur généralité primitives. Par suite des circonstances, sous l'empire de certaines nécessités, ou encore par leur combinaison avec d'autres principes juridiques, ils prennent un caractère tout différent de celui qu'on avait voulu leur attribuer, ils atteignent un but en vue duquel on ne les avait pas créés. Toute codification est impuissante à arrêter le développement secret et continu dans la législation d'un droit non écrit, d'un droit coutumier.

Ces idées se vérifient précisément à propos des articles des lois sur les Caisses d'Epargne qui ont trait à l'épouse. Aussitôt après la promulgation de ces lois, des usages de fait, des « coutumes », pourrait-on dire, se sont établis, qui ont donné au droit de la femme une extension à laquelle on n'avait pas songé. La liberté d'épargne, complètement indépendante de toute intervention maritale, que la loi avait refusée à l'épouse, la pratique n'est pas loin de la lui avoir accordée entière. La femme pauvre a été appelée ainsi à participer à côté du mari, dans des limites assez larges relativement aux ressources modestes du ménage, au gouvernement des intérêts pécuniaires de la famille. Et on peut apercevoir dans le contraste, en cette matière, entre les lois et la pratique, une expérience de législation qui n'est pas dépourvue d'enseignement.

L'examen des conséquences considérables et en partie imprévues produites par les lois sur les Caisses d'Epargne sera l'objet principal de ce travail. Mais auparavant, je décrirai rapidement la situation que les principes du Code civil font à l'épouse dans la population laborieuse ; je montrerai comment la protection dont le Code entoure la femme mariée, utile à celle-ci dans la société aisée, reste sans effet dans les milieux populaires. Je passerai ensuite aux lois sur la Caisse de retraites pour la vieillesse, qui elles aussi permettent à l'épouse une certaine forme d'épargne. Enfin, après avoir parlé plus longuement des lois sur les Caisses d'Epargne, je terminerai par une appréciation législative des résultats obtenus par ces lois. Il me sera permis alors de juger ces résultats, en quelque sorte négligés et secrets, plus réellement profitables à l'épouse appartenant aux classes industrieuses, que ne le seraient peut-être les propositions de loi, dont on demande en ce moment l'adoption au Parlement.

CHAPITRE PREMIER

Le Code civil et la condition pécuniaire de l'épouse dans les classes laborieuses.

Le Code civil accorde au mari les pouvoirs les plus étendus dans la gestion des intérêts conjugaux. Mais, en même temps, il n'abandonne pas la femme sans défense contre les abus du mari. Il lui octroie certains droits, qui constituent souvent de véritables privilèges appartenant exclusivement à l'épouse. Seulement, que l'on considère successivement ces différents droits : on s'apercevra que s'ils peuvent protéger la femme mariée dans les classes aisées, ils ne lui sont d'aucun secours dans les classes populaires.

Je vais examiner à cet égard la situation de l'épouse, d'abord indépendamment de tout régime matrimonial, et ensuite dans la matière des régimes matrimoniaux.

I

La condition de l'épouse indépendamment du régime matrimonial.

A. — Le Code civil impose aux deux époux l'obligation de se secourir, de pourvoir mutuellement à leur entretien (1). Le mari particulièrement doit fournir à sa femme « tout ce qui lui est nécessaire pour les besoins de la vie, selon ses facultés et son état » (2). La sanction de ce devoir alimentaire des conjoints est double. Directement, l'un des époux, le mari, par exemple, peut être condamné à payer une pension à sa femme. Indirectement, la femme, par des acquisitions à crédit, peut se procurer aux dépens du mari ce qui est nécessaire à sa subsistance ; ses fournisseurs se feront indemniser par le mari. Ces deux sanctions sont-elles suffisantes? Surtout sont-elles accessibles à la femme pauvre?

— Les tribunaux peuvent en effet ordonner et ordonnent parfois au mari de fournir une pension à sa femme.

Mais ils ne l'ont jamais fait, ce semble, que si les époux vivent séparés. Tant que dure leur cohabitation, il serait difficile, dans l'état présent du droit, de contraindre le mari, à verser une somme hebdomadaire ou mensuelle à sa femme. Le mari est le chef du ménage et seul juge de la mesure et de la nature

(1) Art. 212.
(2) Art. 214.

des dépenses domestiques. Si on le condamnait au paiement d'une pension, l'épouse, nantie des deniers remis par le mari, aurait seule à statuer sur leur emploi. On prononcerait ainsi une déchéance partielle des pouvoirs du mari, contraire aux principes du code ; on transmettrait à la femme, dans une certaine mesure, la direction du ménage.

Mais la sanction du devoir alimentaire des époux existe dans l'hypothèse de leur séparation de fait. Toute subvention est refusée à la femme qui abandonne sans motif le domicile conjugal (1). Mais sa demande doit être accueillie lorsque la vie commune a cessé par la faute du mari. Il en est ainsi lorsque l'époux déserte le foyer conjugal, ou refuse d'y recevoir sa femme (2). Il en est ainsi encore, même si la femme s'éloigne de son mari, lorsque ce dernier lui a donné de justes raisons de le faire, par sa conduite immorale dans la demeure commune, ou par les mauvais traitements qu'il lui infligeait (3).

Dans ce cas, l'épouse appartenant à la population peu fortunée pourrait donc, comme toute autre femme mariée, s'adresser à la justice pour obliger son mari à remplir l'obligation de secours que lui impose le Code civil. Sans doute une fois la condam-

(1) Paris, 29 août 1857, Sirey, 1857-2-768.

(2) Douai, 2 juin 1852, Sirey, 1853-2-215 ; Rouen, 31 août 1865, *Recueil des arrêts de Caen et Rouen*, 65, p. 218.

(3) Cassation, 2 janvier 1877, Sirey, 1877-1-257 ; Trib. Seine, 13 janvier 1882, *Gaz. Pal.* 1882-1-269 ; Pau, 8 mai 1890, Sirey, 1891-2-3.

nation obtenue, il ne lui sera pas aussi facile de la faire exécuter qu'à une femme dont le mari possède des ressources étendues et connues, aisément saisissables. L'ouvrier, qui se refuse à payer la pension de sa femme, n'a guère à craindre la saisie d'un mobilier souvent modeste, et à laquelle la femme ne voudra pas recourir. Et si le mari est un ouvrier ou un artisan travaillant à domicile, en chambre, il pourra empêcher toute saisie en s'adressant à des entrepreneurs divers, dont le nom et l'adresse sera dissimulée à l'épouse.

On observe déjà assurément ainsi une infériorité notable dans la situation faite à la femme pauvre, relativement à la situation de la femme plus aisée.

Cependant lorsque le mari est engagé hors de chez lui comme ouvrier, employé ou domestique, la femme pourrait parvenir à toucher les arrérages de sa pension par une saisie-arrêt sur les salaires ou traitements de son époux. La loi du 12 juin 1895, relative à la saisie-arrêt sur les salaires et les petits traitements, ne lui serait pas un obstacle. L'insaisissabilité presque totale des gages et émoluments dûs à certaines catégories de personnes, que cette loi édicte, n'est pas opposable à une série de dettes alimentaires indiquées par cette loi, et en particulier à la dette alimentaire du mari à l'égard de sa femme (1).

Mais la difficulté pour l'épouse peu fortunée sera d'arriver à obtenir un jugement de condamnation.

(1) Loi du 12 juin 1895, art. 4.

Elle n'osera pas ou ne pourra pas s'adresser aux tribunaux ; elle reculera devant les frais et les lenteurs de la procédure. L'assistance judiciaire elle-même avec ses longueurs et les pertes de temps qu'elle entraîne ne lui rendra pas aisément accessible la justice des tribunaux civils. Il deviendra ainsi souvent impossible, en fait, à la femme pauvre abandonnée par son mari, de se faire allouer la pension, à laquelle théoriquement elle a droit. L'une des deux voies, par lesquelles elle pourrait sanctionner l'obligation alimentaire du mari, lui est presque entièrement fermée. Il en est un peu de même aussi de l'autre.

— Que la femme se procure à crédit les objets indispensables à sa subsistance, ses fournisseurs auront deux moyens juridiques pour se faire payer par le mari.

Ils pourront, d'abord, se réclamer du mandat tacite que l'épouse est supposée tenir de son mari, d'après la doctrine et la jurisprudence générales, pour faire les acquisitions quotidiennes du ménage. Le mari est devenu le débiteur personnel de ceux auxquels la femme s'est adressée, à la condition toutefois que les dépenses de celle-ci n'aient pas été excessives, par rapport à l'état de fortune des conjoints. Sans doute le mari reste maître de révoquer le mandat de la femme, en prévenant les fournisseurs qu'il se refuse à prendre à sa charge toute dette contractée par cette dernière. Mais l'épouse aura toujours la ressource de se fournir chez d'autres personnes, non averties par le mari, et ignorantes de sa résolution.

En outre, ceux qui auront fait crédit à la femme pourront invoquer le second moyen que la loi leur offre pour recourir contre le mari. En cédant à la femme les produits nécessaires à son entretien, ils auront rempli le devoir alimentaire de l'époux ; ils auront contre ce dernier l'action *de in rem verso*.

Ils arriveront ainsi, soit par cette action, soit au nom du mandat domestique de la femme, à se faire indemniser par le mari. Si celui-ci, par suite, a une fortune considérable, ils seront en sûreté. Ils n'hésiteront pas trop à ouvrir un crédit à la femme pour les objets de première nécessité, en dépit même de la volonté contraire du mari nettement manifestée.

Mais la situation n'est pas aussi favorable pour l'épouse dans les classes laborieuses. A cause des ressources modestes et pas toujours assurées du ménage on consentira moins volontiers à lui vendre à crédit. Surtout dès qu'on appréhendera tant soit peu la mauvaise volonté du mari à acquitter les dettes de sa femms, on sera porté à refuser à celle-ci tout délai pour le paiement. On ne voudra pas, pour les maigres acquisitions alimentaires d'une femme pauvre, affronter les longueurs et les formalités judiciaires. On craindra d'avoir à s'engager dans des procédures coûteuses dont les frais ne seront peut être pas couverts par la saisie du petit mobilier ou des salaires peu élevés du mari. Pour que la femme des classes peu aisées puisse se procurer ce qui est nécessaire à sa subsistance, il faut lui donner, non pas le droit souvent illusoire de se faire ouvrir un crédit au compte du mari, mais les moyens d'acheter au comptant.

Or précisément, j'ai déjà montré la difficulté de fait pour la femme pauvre, même abandonnée par son mari, d'obtenir une pension de celui-ci. La double sanctionde l'obligation de secours du mari n'existe pratiquement pas dans les classes populaires.

*
* *

B. — L'épouse de condition modeste à qui son mari refuse le nécessaire doit donc essayer de se suffire à elle-même. Elle doit travailler.

Mais la femme, incapable d'une manière générale de s'obliger sans l'autorisation de son mari, ne peut en particutier s'engager sans cette autorisation par un contrat de travail. Bien plus, tandis qu'en principe, elle peut suppléer à l'autorisation du mari par celle de justice, on se demande si ce recours aux tribunaux est possible en cette matière. Sans doute le Code civil, (1) énonce en des termes généraux, le droit de l'épouse de s'adresser à la justice sur le refus du mari. Mais on se trouve ici en présence d'actes très délicats où sont en cause non seulement les intérêts pécuniaires des conjoints, mais encore leurs intérêts moraux. On a pu soutenir que si la loi donne un certain pourvoir de contrôle aux magistrats, dans les conflits purement matériels des époux, elle a entendu

(1) Art. 219.

laisser au mari seul la direction morale de la famille. Gardien de la dignité commune, celui-ci décide souverainement de la nature des occupations de la femme, de l'emploi de son temps, sans que la justice puisse intervenir. — La jurisprudence et la doctrine sont divisées sur ce sujet (1).

Même si l'opinion la plus favorable à l'épouse était admise, elle lui serait souvent d'un faible secours à cause de l'impossibilité de fait où elle est de recourir à la procédure coûteuse de l'instance judiciaire. On voit ainsi combien le Code civil est rigoureux pour la femme pauvre à qui, d'une part, il ne donne pas les moyens suffisants de contraindre son mari à remplir son devoir alimentaire, et à qui, d'autre part, il refuse le droit de travailler sans l'autorisation du mari.

Supposons même que ce dernier autorise l'épouse à s'engager comme ouvrière, employée ou domestique. Va-t-elle alors jouir des produits de son travail ? Je suis conduit par cette question à l'examen des régimes matrimoniaux.

(1) La question s'est présentée principalement à l'occasion d'engagement d'actrices. — Un arrêt de la Cour de Paris, du 3 janvier 1868, confirmant sur ce point un jugement du Tribunal de la Seine, du 9 octobre 1867, admet la possibilité de l'autorisation de justice à défaut de celle du mari, (Sirey, 68, 2, 65). — Voy : en sens contraire, un jugement du Tribunal de la Seine du 11 mai 1887. (*La loi,* 3 mars 1887). Il s'agissait dans cette dernière espèce, non plus d'une actrice, mais d'une femme à qui son mari, un cocher, refusait l'autorisation de passer des examens d'élève sage-femme.

II

Les régimes matrimoniaux.

A. — Le Code civil abandonne le choix du régime matrimonial aux libres contrats des époux (1). C'est seulement à défaut de stipulations de leur part qu'il les déclare mariés sous le régime légal, le régime de la communauté. Par suite, l'institution d'un régime légal ne porte aucune atteinte au principe de la liberté des conventions nuptiales. En ne faisant pas de contrat de mariage, les époux manifestent implicitement leur volonté de se soumettre au régime institué par le code.

Par son contrat de mariage la femme peut s'assurer sinon une indépendance complète, du moins des droits d'administration assez étendus. Il lui est loisible, par exemple, de se marier sous le régime de la séparation de biens, qui lui laissera, dans de certaines limites, le gouvernement de son patrimoine, et, en particulier, la disposition des produits de son travail. Si elle ne le fait pas, si elle se marie sans contrat, elle est supposée avoir préféré les avantages de toutes sortes de la communauté à la liberté qu'elle conserve dans la séparation.

Et ce raisonnement est exact jusqu'à un certain point, en ce qui concerne les classes aisées. Il ne l'est plus pour les populations laborieuses. Le Code

(1) Art. 1387.

civil autorise bien, en effet, les époux à adopter le régime qui leur convient. Mais ils doivent le faire par contrat notarié (1). Or, l'acte notarié entraîne des frais relativement considérables pour de futurs conjoints peu fortunés. Ils ne sauraient se résoudre à des dépenses assez importantes et peut-être supérieures à leurs ressources, venant s'ajouter à celles que par suite de la loi et surtout des mœurs, le mariage entraîne déjà par lui-même. L'usage des contrats nuptiaux est pour ainsi dire inconnu dans le monde ouvrier. Le choix du régime nuptial, possible à la femme des classes élevées, ne l'est pas à celle des classes industrieuses. La séparation de biens, par exemple, lui est inaccessible. Pour elle, pratiquement, le principe de la liberté des conventions matrimoniales n'existe pas.

La communauté légale, par suite, n'est pas un régime que l'on peut croire avoir été tacitement adopté par l'épouse ; c'est un régime qui lui est en quelque sorte imposé. Ce sont donc seulement les principes de la communauté que j'ai à examiner pour connaître la condition de la femme mariée dans les classes laborieuses. Et si ces principes apparaissent rigoureux pour la femme, on ne pourra lui objecter qu'elle subit les effets d'une situation librement choisie par elle, alors qu'elle pouvait l'écarter.

(1) Art. 1394.

* * *

B. — La communauté légale comprend trois patrimoines régis par des règles distinctes : la masse commune et les biens propres à chaque époux.

Les pouvoirs du mari sont beaucoup moins étendus sur les propres de sa femme que sur les siens ou sur la fortune commune. Il n'a que l'administration du patrimoine personnel de l'épouse, de sorte que pour les actes de disposition le concours de celle-ci lui est indispensable (1). La femme, qui possède des propres, conserve ainsi des droits actifs assez considérables, à côté de ceux du mari. Elle a un certain contrôle, un pouvoir d'appréciation sur les entreprises de ce dernier.

Or, la petite fortune qui peut appartenir aux époux dans les classes populaires ne comprenant pour ainsi dire jamais des immeubles, aucun bien n'aura pour eux le caractère de propre. On ne connait pas dans ce monde la distinction savante entre diverses espèces de biens sur lesquels le mari a des droits inégaux. Au lieu de trois patrimoines, il ne s'en rencontre plus qu'un seul. La femme est dépourvue de cette participation à la direction de la fortune familiale, que conserve souvent la femme d'une condition plus aisée, propriétaire d'immeubles.

Tout le modeste avoir, que l'épouse possède en se mariant, ou qui lui surviendra par la suite, tombe

(1) Art. 1428.

donc en communauté. Ses économies au jour du mariage, la petite succession qui pourrait lui échoir au cours du mariage, vont se perdre dans la masse commune. Mais les ressources des ménages laborieux consistent surtout dans le produit du travail des conjoints. La dot que la femme apporte à son mari dans ce milieu, c'est avant tout son labeur, non seulement à l'intérieur du domicile conjugal, mais encore au dehors. Les salaires de l'ouvrière, les appointements de l'employée, les gages de la domestique font partie de la communauté. Ces apports de natures diverses de l'épouse s'ajoutent à des apports analogues du mari, en général même plus considérables, et l'ensemble forme la fortune commune.

Quels sont sur ce patrimoine commun les pouvoirs respectifs des conjoints ?

La communauté légale, resultat d'une longue évolution est un régime complexe, aux aspects multiples et changeants. Cependant, ses différentes dispositions, en apparence contradictoires, peuvent se grouper sous deux idées maîtresses, qui s'opposent et se contrebalancent. D'une part, au mari plus expérimenté, plus rompu à la pratique des affaires, appartient la gestion des intétêts pécuniaires de la famille. D'autre part, la sollicitude de la loi pour la femme, moins expérimentée et plus faible, apparaît dans l'octroi à celle-ci, non pas de droits actifs considérables, mais d'un ensemble de protections contre l'administration maritale. Aussi tant que dure la communauté, tous les privilèges de la loi sont-ils pour le mari ; des pouvoirs presque sans limites lui sont accordés dans le gouvernement de la communauté. A la dissolution du mariage, toutes les faveurs de la loi vont à l'épouse ; une série de garanties lui permettent d'échapper aux conséquenses désastreuses des actes du mari.

Activité presqu'exclusive du mari, protection énergique de la femme, tels sont les deux principes dominants de la communauté du Code civil. C'est de la coexistence de ces deux principes contraires, s'appelant et se compensant l'un l'autre, que résulte l'harmonie et aussi l'équité du régime ; c'est de ces pièces disparates qu'est fait l'équilibre de l'ensemble. Cet équilibre subsiste-t-il dans la communauté, telle qu'elle fonctionne dans les classes laborieuses ?

— Assurément le principe de la toute puissance maritale se maintient dans son intégralité. Le mari gouverne en maître les biens communs. Il peut les vendre, les hypothéquer, les grever de dettes (1). Aucune restriction ne limite ses pouvoirs. Le Code, il est vrai, lui interdit des donations d'une certaine nature (2). Mais dans les classes laborieuses cette prohibition n'a pas de portée pratique. Dans ce milieu, les libéralités consistent en dons d'effets mobiliers à titre particuliers et surtout en dons manuels. Et les cessions à titre gratuit de cet ordre ne sont pas défendues à l'époux.

Sans inconvénients, peut-être, quand ils sont exer-

(1) Art. 1421.
(2) Art. 1422.

cés par un mari conscient de ses devoirs, ces droits absolus permettent de graves abus à un mari incapable ou indigne.

Maître de disposer à son gré du mobilier conjugal, il peut, pour satisfaire un caprice, ou pour se procurer les ressources nécessaires à son inconduite, aliéner à vil prix les meubles les plus utiles du ménage. Ou encore, en contractant des dettes qu'il est incapable de payer, il amènera la saisie et la vente forcée du mobilier.

De même si l'épouse, obligée de pourvoir, à défaut de son mari, à son entretien ou à celui de ses enfants, s'engage comme ouvrière, employée ou domestique, elle n'est pas sûre de toucher le prix de son labeur. Il est loisible au mari d'exiger des patrons ou entrepreneurs la remise des salaires ou émoluments de sa femme, pour les dissiper ensuite dans l'oisiveté.

Ou encore si par une longue suite de privations, la femme, épouse et mère prévoyante, a amassé quelques économies, il est permis à l'époux de s'en emparer un jour et de les gaspiller à son gré.

Sous quelques formes enfin qu'elles puissent se présenter, les ressources de la famille sont à la disposition du mari, et il peut en faire le mauvais usage qu'il lui plaît.

— Mais du moins, dans la société aisée, un ensemble de protections accordées à l'épouse, compensent ces pouvoirs étendus du mari. Dans les classes populaires, ces protections deviennent illusoires pour la femme.

Tout ce système, en effet, de récompenses et de prélèvements, l'hypothèque légale de la femme, la renonciation et le bénéfice d'émolument, ont une base commune. Ces privilèges de l'épouse ont pour unique but la sauvegarde de ses biens propres. Si, par sa mauvaise gestion, le mari a compromis les intérêts de la famille, la loi ne veut pas que la femme subisse trop rigoureusement les mauvaises conséquences d'une administration à laquelle elle n'a pu concourir. Sa perte doit se limiter aux apports entrés de son chef dans la communauté, sans atteindre également ses biens personnels. — La théorie des récompenses, les prélèvements, l'hypothèque légale garantissent à l'épouse le recouvrement de ses propres. — La renonciation et les bénéfices d'émolument préservent sa fortune, ainsi reprise, de toute responsabilité à l'égard des créanciers du mari. — Malgré la ruine de la communauté, la femme peut conserver intact son patrimoine particulier.

Or, dans la population laborieuse, l'épouse, on l'a vu, ne possède pour ainsi dire jamais de biens propres. Les protections de la loi ne trouvent donc pas à s'appliquer et demeurent sans effet. — Puisque toutes ses ressources sont entrées en communauté, la femme n'a pas de créance à faire valoir contre son mari, point d'action en reprise à exercer ; les récompenses, les prélèvement, l'hypothèque légale lui sont inutiles. Et en outre, l'hypothèque légale serait bien illusoire contre un mari qui n'est en quelque sorte jamais propriétaire d'immeubles. — De même l'épouse pourra sans doute renoncer à la communauté, ou invoquer le bénéfice d'émolument. Elle se soustraira ainsi au paiement des dettes contractées par le mari. Mais toute la fortune de la femme ne consiste que dans sa part de communauté. Par suite, même si elle acceptait la communauté et refusait de se prévaloir du bénéfice d'émolument, le gage des créanciers ne recevrait pas une extension plus large ; la femme n'aurait pas à craindre des poursuites contre des biens personnels qu'elle ne possède pas. Son seul intérêt à la renonciation est la sauvegarde des ressources qu'elle pourra acquérir par la suite. Au moment même de la dissolution de la communauté, son droit de renoncer ne lui est pratiquement d'aucun secours.

On voit ainsi combien le système général de la communauté se trouve faussé dans son application aux classes populaires. On n'y aperçoit plus cette conciliation d'idées contraires, caractéristique du régime, cet équilibre savant entre les droits actifs du mari et les garanties de l'épouse. Des deux principes dominants de la communauté, le principe favorable au mari demeure seul ; le principe favorable à la femme a disparu. Le régime perd son aspect complexe, tour à tour privilégiant le mari ou la femme, protégeant les intérêts de l'un sans oublier ceux de l'autre ; il se simplifie au profit exclusif du mari.

*
* *

C. — Le régime de la communauté laisse l'épouse pauvre sans défense contre la toute puissance du mari. Et si celui-ci mésuse de ses droits, une seule ressource reste à la femme : échapper à ce régime qui ne lui assure pas les droits auxquels elle pourrait prétendre ; se réfugier dans la séparation de biens judiciaire.

Des différentes dispositions de la loi en faveur de l'épouse, la séparation de biens est en effet la seule qui pourrait lui être vraiment bienfaisante, dans les classes laborieuses. Les autres garanties de la femme, on l'a vu, lui sont illusoires, puisqu'elles protègent contre les effets désastreux des actes déjà accomplis par le mari, des biens propres que dans ces milieux la femme ne possède pas. L'utilité principale de la séparation au contraire est de sauvegarder contre les actes futurs du mari, les acquisitions ultérieures de l'épouse. Elle est avant tout une protection préventive. Sans doute lorsqu'elle survient, la ruine de la communauté est, d'ordinaire, déjà consommée; il est trop tard pour sauver quelque parcelle du patrimoine commun. Mais du moins la femme est préservée pour l'avenir contre les dissipations du mari. Elle aura elle-même l'administration des biens qui pourront lui survenir par la suite, des salaires ou appointements qu'elle recevra, des petites successions qui pourront lui échoir.

Dans les familles aisées on peut bien secourir

l'épouse, sans augmenter ses droits actifs, en empêchant simplement les conséquences des entreprises maritales, d'atteindre certains de ses biens. Dans les classes populaires, au contraire, la seule protection possible de l'épouse consiste à lui donner des droits d'administration plus étendus, à limiter les pouvoirs de gestion du mari. Et c'est ce que fait la séparation de biens.

Mais cette séparation, la femme pauvre peut-elle l'obtenir ? Le peut-elle en droit ? Le peut-elle en fait ?

— Le code autorise l'épouse à demander la séparation de biens, lorsque sa dot est en péril, et lorsque ses droits et reprises sont en danger. (1) On pourrait croire d'après ces termes que la séparation peut être seulement réclamée par une femme propriétaire de biens propres. Le droit à la séparation serait refusé à la femme pauvre, privée de fortune personnelle. Mais la doctrine et la jurisprudence ont écarté cette interprétation littérale des textes.

On s'accorde généralement à donner au terme de dot une acception très large : on comprend sous cette dénomination tout apport de la femme au mari, les biens entrés de son chef dans la communauté, aussi bien que ses propres (2). La femme qui en se mariant possédait un modeste pécule tombé en communauté ou à qui une petite succession est

(1) Art. 1433.

(2) Arg. art. 1540. — Aubry et Rau, V, 516, texte et note 9. Guillouard, *Contrat de mariage*, III, n° 1075. — Cf : motifs d'un arrêt d'Alger du 17 octobre 1892, Dalloz, 1893.2. 180.

échue par la suite, peut donc poursuivre la séparation de biens.

Par une nouvelle extension de l'idée de dot, on y fait rentrer encore les produits du travail et de l'industrie de la femme. Ils constituent aussi, en réalité, un apport de l'épouse au mari, et méritent la protection de la loi, au même titre que les autres biens tombés du chef de la femme dans la communauté. (1) Le nombre des femmes des classes populaires à qui la séparation devient possible, se trouve ainsi considérablement accru.

Une opinion va même plus loin. L'épouse serait admise à demander la séparation, alors même qu'elle n'aurait fait entrer aucun bien en communauté. Le droit que depuis le mariage elle possède sur le patrimoine commun, même composé exclusivement des ressources du mari, son droit dans la communauté, est pour ainsi dire aussi une dot. Au cas d'une mauvaise administration maritale, elle doit pouvoir obtenir, par la séparation, sa part de communauté. Cette

(1) Aubry et Rau, V, § 516, texte et note 11 — Laurent, XXII, n° 215 — Guillouard, III, n° 1078. — Angers, 16 mars 1808, Sirey, C. N. II. II. 363 — Liège, 23 avril 1831, *Pasicrisie*, 1831, p. 105 — Bruxelles, 31 janvier 1838, *Pasicr.* 1838, 20. — Paris, 2 juillet 1878, Sirey, 78-2. 199 — Cet arrêt infirmait un jugement du tribunal de la Seine du 28 mars 1878 : « Dans le cas où le mari enfreignant ses devoirs de bonne administration comme chef et maître de la communauté dissipe dans l'inconduite et le désordre..., les produits de l'industrie personnelle de la femme celle-ci est bien fondée à dire que sa dot est en péril et à poursuivre la séparation de biens dans son propre intérêt, comme dans celui du mari lui-même et de leurs enfants. »

doctrine paraît surtout inspirée par le désir de protéger pour l'avenir une femme dont les acquisitions futures risqueraient d'être dissipées par le mari (1).

D'après cette dernière opinion ainsi, la faculté de réclamer la séparation se trouve étendue à toutes les femmes appartenant aux classes populaires. Les interprétations précédentes accordent au moins cette faculté à la plupart d'entre elles. La séparation leur serait donc, toujours, ou souvent, une protection accessible en droit. Seulement elle leur est inaccessible en fait.

— Ici encore, elles ne peuvent bénéficier de la sollicitude de la loi par suite des frais et des longueurs de l'action judiciaire, qui dans la séparation, sont particulièrement considérables. Toute une série de précautions sont prises par le Code pour empêcher les fraudes à l'égard des créanciers du mari ; les formalités, les mesures de publicité ont été accumulées.

(1) Guillouard, III, nº 1075. — Orléans, 6 juillet 1887, Dalloz, 90, 2, 38 : « Cette disposition (la séparation) est applicable même à la femme qui en se mariant sous le régime de communauté n'a pas fait d'apport en nature... La séparation de biens en effet peut devenir la sauvegarde de ses droits, soit pour le cas où son industrie personnelle lui permettrait de réaliser des bénéfices, soit pour celui où un avantage quelconque viendrait à lui être concédé par sa famille ». — Cf : aussi Genève 5 mars 1889 Sirey, 1890.4.8 : « La séparation de biens est une mesure éminemment préventive.., il importe de garantir l'avenir de la femme, quand il y a désordre dans la situation du mari ». — Adde encore un jugement du tribunal de l'empire d'Allemagne du 22 janvier 1886, Sirey, 1888.4.1. Le tribunal s'appuie sur l'opinion généralement admise d'après laquelle la dot comprend l'industrie de la femme, et il ajoute qu'il n'y a pas de raison de distinguer entre son industrie hors de la maison, et son industrie dans le ménage.

Mais voy : *Contrà* Amiens, 28 août 1877, Dalloz, 77.2.215.

Ces prescriptions atteignent peut-être en partie leur but. Mais elles élèvent les dépenses, prolongent la durée de l'instance judiciaire, rendent par suite, la séparation impossible à la femme pauvre. Et l'on ne peut guère espérer que l'assistance judiciaire, avec ses difficultés, et ses lenteurs inévitables, remédie suffisamment à cette situation. « Il suffit de connaître cette procédure... avec ministère d'avocat, d'avoué, d'huissier, renvoi devant un notaire, etc., écrit M. Glasson, pour se convaincre qu'elle ne saurait profiter à la femme de l'ouvrier » (1). La seule des protections de l'épouse qui pourrait recevoir quelque application dans les classes populaires se trouve être encore impraticable.

*
* *

D. — On peut affirmer maintenant, semble-t-il, après cette analyse des principes relatifs à la situation respective des époux, que les populations laborieuses ont été oubliées dans le droit matrimonial du Code civil. « Il y a une chose dont il faut bien se rendre compte a-t-on pu dire, à l'Assemblée Législative, dans les débats qui ont précédé la promulgation de la loi de 1850 sur la Caisse de Retraites pour la vieillesse, c'est que nos lois très sages dans toutes leurs prescriptions, sont souvent inapplicables pour les classes qui ne sont pas assez riches pour pouvoir accomplir toutes les formalités de la loi (2) ». Et

(1) Glasson, *Le Code civil et la question ouvrière*, p. 60.

(2) Discours de M. Benoist d'Azy, rapporteur du projet de loi sur la Caisse des Retraites, *Moniteur*, 11 juin 1850, p. 2005.

M. Glasson a pu déclarer dans le même sens : « En réalité, cette législation du code civil protège très efficacement la femme lorsque le mariage possède une certaine fortune, mais elle n'est pas faite pour la femme de l'ouvrier (1). »

Aucune mesure, en effet, n'est prise pour rendre applicables à l'épouse pauvre les protections accordées par le code. On ordonne, par exemple, au mari de pourvoir à l'entretien de sa femme ; mais on néglige de sanctionner cette obligation. On inscrit dans les lois le principe de la liberté des conventions nuptiales ; mais on ne rend pas ces conventions accessibles à la femme peu aisée. On institue un régime légal où les privilèges de l'épouse viennent compenser les pouvoirs absolus du mari ; mais ces privilèges demeurent sans portée dans les classes industrieuses ; et l'économie générale de la communauté est faussée. Organisé pour un état de fortune déterminé, le régime légal ne convient plus à un état social auquel on n'a pas songé à l'adapter. On autorise enfin l'épouse à répudier la communauté en demandant la séparation de biens ; mais on ne lui donne pas les moyens de le faire. La femme pauvre ainsi ne choisit pas son régime matrimonial ; le régime qu'on lui impose se fait pour elle particulièrement rigoureux ; et elle ne peut pas pratiquement sortir de ce régime par la séparation. Elle est livrée sans défense à la merci des abus du mari.

(1) Glasson, *op. cit.*, p. 60.

CHAPITRE II

Les transformations du droit matrimonial dans la pratique.

J'ai considéré jusqu'ici la condition de l'épouse telle qu'elle résulte de la lettre du Code civil. Mais en présence des réalités, les principes légaux obéissant à une loi générale de l'histoire des législations, se sont transformés, ont produit des effets inattendus. On n'aura un aperçu exact de la situation particulière de l'épouse dans les classes industrieuses, que si on examine, du point de vue où je me place, le droit matrimonial dans son fonctionnement de fait, après l'avoir étudié dans ses règles théoriques.

I

Le régime de la communauté dans la pratique.

La communauté, principalement, a pris dans la réalité une physionomie imprévue. L'antithèse entre les deux idées fondamentales de l'activité du mari et de la protection de la femme n'a pas subsisté dans sa pureté. Malgré toutes les garanties, en effet, dont on l'entourait, l'épouse conservait le droit de s'obliger dans l'intérêt du mari et de la communauté ; cette liberté devait altérer complètement le caractère des privilèges de la femme.

L'hypothèque légale de l'épouse était un danger redoutable pour les acquéreurs d'immeubles du mari, ou pour ceux à qui il demandait un emprunt hypothécaire. Ils avaient toujours à craindre que la femme, à la dissolution du mariage, ne se fît payer, à leur détriment, sur les immeubles du mari, grâce à la généralité et au rang favorable de son hypothèque. Aussi personne n'a-t-il voulu acheter un immeuble propre ni commun (1) au mari, lui consentir un prêt hypothécaire, sans obtenir que la femme renonçât à exercer contre eux son hypothèque. L'usage des subrogations à l'hypothèque légale s'est rapidement répandu et généralisé. Aujourd'hui le mari ne peut accomplir un acte important relatif à ses immeubles sans le concours de sa femme (2).

De même la possibilité pour l'épouse d'échapper par la renonciation à la responsabilité des dettes contractées par le mari fait souvent désirer aux créanciers que la femme s'engage à côté du mari. Les obligations solidaires de l'épouse, surtout si elle est mariée sous le régime de la communauté d'acquêts, et qu'elle possède des biens propres considé-

(1) On sait que, d'après la jurisprudence, l'hypothèque de la femme s'étend ou peut s'étendre sur les immeubles de communauté.

(2) Voy. Gide, *Etude sur la Femme*. Edition Esmein, p. 481.

rables, sont un secours précieux pour le crédit du mari et de la communauté. Elles sont très fréquentes.

Ainsi, que le mari aliène un immeuble, contracte un emprunt hypothécaire, ou même une obligation ordinaire, la collaboration de sa femme lui est indispensable ou d'une grande utilité. L'épouse se dépouille à son profit de ses privilèges ; elle consent à partager ses risques. Mais par là elle acquiert un pouvoir de contrôle sur les opérations de son mari ; elle participe avec lui à la direction des intérêts communs ; elle devient véritablement son associée. Les protections accumulées par le Code pour sauvegarder l'épouse contre les effets de l'immobilité dans laquelle il la confinait, lui ont servi à sortir de cette immobilité. Moins protégée, il est vrai, elle est, en revanche, plus active.

La communauté ne demeure plus ce régime si hostile à la femme pendant sa durée, et favorable seulement à sa dissolution. Le mari n'apparaît plus comme le « seigneur et maître » de la communauté. Il trouve en sa femme une compagne sans l'avis et le consentement de laquelle il est dans l'impuissance d'agir. Le régime légal tel qu'il est exposé dans le Code pouvait sembler déjà relativement équitable envers la femme des classes aisées. Par sa modification au contact des faits, il devient un régime assurant réellement à l'épouse la dignité et l'indépendance qui lui conviennent.

Mais c'est encore à la femme riche que se sont

limités les heureux effets de cette transformation. Ils n'ont pas touché les classes populaires. Il ne saurait plus être question ici d'aliénations immobilières, d'emprunts hypothécaires. L'absence de tout immeuble dans la possession du mari supprime toute nécessité de subrogation de la femme à son hypothèque légale. De même on ne demandera pas à l'épouse, dépourvue de tout patrimoine personnel, qu'elle vienne ajouter la garantie de son obligation solidaire à l'engagement du mari. En nulle circonstance le mari ne sera tenu d'obtenir l'assentiment de sa femme. Celle-ci continue à rester étrangère à la gestion de la communauté.

L'examen du système de la communauté dans le Code, nous avait montré ce régime altéré dans son application aux populations laborieuses, impuissant à y faire profiter la femme de toutes les protections qui théoriquement lui sont prodiguées. L'examen de la communauté, telle qu'elle fonctionne en réalité, semble aggraver encore la différence entre la condition de la femme pauvre et celle de la femme plus aisée. Tandis que cette dernière se voit attribuer dans la direction de la famille un rôle considérable auquel le Code n'avait pas songé, la situation de la femme dans les classes industrieuses demeure stationnaire.

Heureusement, par des moyens différents de ceux auxquels elle a eu recours pour modifier et rehausser l'état de la femme riche, la pratique est venue également au secours de l'épouse moins fortunée. Des circonstances de fait, des théories de la jurisprudence ont, dans une certaine mesure, amélioré son sort.

II

Les restrictions apportées par la pratique à la rigueur des principes en faveur de l'épouse dans les classes laborieuses.

A. — On a vu que la femme ne peut louer ses services sans l'autorisation de son mari ; il est douteux même que sur le refus de ce dernier, elle puisse obtenir l'autorisation de justice.

Des situations exceptionnelles cependant peuvent rendre difficile le maintien rigoureux des principes du Code. Si le mari a abandonné sa femme, est-il humain d'interdire à celle-ci de s'engager valablement comme ouvrière ou employée pour pourvoir à sa subsistance et à celle de ses enfants ? La jurisprudence a dû alors chercher un moyen de corriger la sévérité de la loi. Elle l'a trouvé dans l'idée de l'autorisation tacite.

« L'abandon du mari, prononce un arrêt, contient nécessairement pour la femme l'autorisation tacite d'assurer son existence, et celle des enfants qu'il met à sa charge... Le louage d'industrie est dans ces conditions, non seulement un devoir impérieux pour elle, mais encore la conséquence indispensable de son abandon et de la liberté qu'elle a reconquise (1) ».

Manifestement, cette théorie n'interprète pas scrupuleusement les principes du Code ; elle fait un peu la loi. Une autorisation, quelque tacite qu'elle soit, doit avoir au moins exister dans l'esprit de celui qui a qualité pour la donner. Mais en désertant le domicile conjugal, le mari n'a songé qu'à se dérober à ses devoirs, nullement à rendre à sa femme sa liberté. La jurisprudence lui prête des intentions qu'il n'a vraisemblablement pas eues.

Ce système apparaît d'autant plus prétorien, qu'il contredit une jurisprudence presque constante en matière d'autorisation tacite. La Cour de Cassation a décidé à diverses reprises, et très juridiquement, semble-t-il, que sauf l'expression prévue par le Code à l'article 217, aucune autorisation tacite ne pouvait être supposée (2). Cependant, lorsqu'elle a eu à statuer sur une hypothèse d'abandon par le mari, elle a accepté la théorie que généralement elle repousse (3). Seulement elle masque cette contradiction dans ses arrêts, en ne parlant dans ce dernier cas que d'un « mandat nécessaire et tacite » conféré à la femme

(1) Rouen, 4 février 1878, Dalloz, 78. 2. 258. — Confirmé par un arrêt de Cassation du 6 août 1878, Dalloz, 78. 1. 400. — L'espèce sur laquelle ces arrêts ont statué était un engagement d'employée de magasin. — Adde : Paris 23 août 1851, Dalloz, 1852. 2. 10. Il s'agit, cette fois, d'une actrice.

(2) Cassation, 26 juin 1830, Sirey, 30. 1. 878. — Cassation, 26 juillet 1871, Sirey, 1871. 1. 165.

(3) Arrêt de Cassation précité.

par le mari qui la quitte. La confusion entre les idées de mandat et d'autorisation est visible. L'épouse délaissée par son mari agit pour elle-même, non pour son mari. Il ne saurait donc être question de mandat, mais d'autorisation tacite. La Cour Suprême a bien fait exception ici à sa jurisprudence générale.

Ainsi, on suppose une autorisation qui probablement n'a pas été donnée. On reconnaît la validité de l'autorisation tacite, alors qu'en principe cette validité n'est pas admise. C'est qu'en réalité la jurisprudence est, en cette matière, moins préoccupée d'interpréter la loi que de remédier à une situation de fait. Les nécessités pratiques ont poussé les tribunaux à parer à l'oubli du Code civil. Dans la construction juridique tentée par eux, il ne faut voir qu'un moyen d'atteindre le but positif qu'ils se proposent. C'est ainsi qu'en se rattachant à la législation écrite, et sous l'apparence d'une simple application de cette législation, se forme nécessairement dans tout pays un droit coutumier bien différent des textes légaux.

Abandonnée par son mari, l'épouse contracte donc valablement, d'après la jurisprudence, une obligation de louage de services. Mais dans cette voie, la pratique va beaucoup plus loin.

Dans les habitudes industrielles, en effet, aucune autorisation n'est demandée à l'ouvrière ou à l'employée qui vient offrir son travail. On engage toute personne qui satisfait aux conditions désirées, sans distinguer la femme mariée de celle qui ne l'est pas, sans soumettre la première à des formalités dont on dispenserait la seconde. De même, on ne demande pas à une domestique le consentement marital. Patrons et maris, heureusement ignorants de la loi, n'y songent même pas. On les étonnerait fort, très souvent, en leur apprenant la nullité de l'engagement des femmes qu'ils emploient. La nécessité de l'autorisation, en matière de louage de services, ne se présente guère que dans le contrat des actrices avec leur directeur.

Le mari, lui non plus, ne sait pas d'ordinaire qu'il pourrait interdire à sa femme toute occupation hors du domicile conjugal. Il voudrait le faire, du reste, que souvent il ne le pourrait pas efficacement. Le seul moyen pratique en effet que la loi lui offre pour faire valoir ses droits, consiste à défendre aux maîtres ou chefs d'entreprise d'accepter le travail de sa femme, en les prévenant de la nullité des obligations contractées par cette dernière. Mais il n'est pas du tout certain que cette prohibition atteigne son but. Le défaut d'autorisation n'oblige pas le patron à congédier l'ouvrière; il lui fait craindre seulement qu'elle n'exécute pas son engagement. On s'explique que la validité d'un contrat de longue durée passé par exemple par une actrice importe à un directeur de théâtre. Mais il est indifférent à un patron que son ouvrière s'engage ou non valablement. Tant qu'elle se présente à l'atelier, il rémunérera son labeur. Quand elle s'absentera, il lui cherchera et lui trouvera aisément une remplaçante. Rarement il pourra songer à lui réclamer des dommages-intérêts pour inexécution de son contrat. De même la crainte qu'une domestique ne les quitte, sans respecter l'usage des huit jours, n'empêchera pas d'ordinaire ses maîtres de conserver ses services. La sanction de la nécessité de l'autorisation maritale est insuffisante dans les populations laborieuses à garantir les droits du mari. Les faits ont, semble-t-il, excellemment réformé la loi à cet égard. La liberté de travail existe, en pratique, pour l'épouse, dans les classes populaires.

*
* *

B. — Cette première atteinte aux principes du code est complétée par une seconde plus considérable peut-être encore. Il importerait assez peu à l'épouse de pouvoir louer ses services, si elle ne touchait pas le prix de son labeur. Ici encore, les usages de fait lui ont été favorables.

Les patrons ou employeurs en effet qui ne demandent pas d'autorisation maritale à la femme, lorsqu'ils l'engagent, ne se soucient pas davantage du mari lors du paiement des salaires. Ils ne connaissent que la femme, n'ont de rapports qu'avec elle ; c'est à elle qu'ils remettent ce qu'elle a gagné par son travail.

Ici, il est vrai, le mari pourrait efficacement interdire aux chefs d'entreprise de payer à un autre qu'à lui-même. Mais il ignore ses droits, ou hésite devant les formalités légales. S'il veut s'emparer des salaires de l'épouse, il emploiera d'autres moyens. Il recourra à la force pour se saisir des gains de la femme rentrée chez elle ; il ira même, parfois dans ce but, l'attendre à la sortie de l'atelier.

La conscience de ses droits, lui donnera sans doute plus d'énergie pour dépouiller sa femme qui a contre elle sa faiblesse et la loi. Mais enfin, si l'épouse sait se défendre contre son mari, ou si elle se hâte de payer les fournisseurs avant d'être rencontrée par lui, elle peut, après avoir touché ses salaires, les dépenser comme il convient, pour son entretien et celui de la famille.

On sent quelle importance a, dans le monde ouvrier, cette atténuation sensible apportée aux pouvoirs du mari. L'épouse n'est plus à la merci des caprices de ce dernier, n'espérant qu'en lui pour sa subsistance. Elle peut travailler et employer à son entretien, lorsque les circonstances ne lui sont pas trop défavorables, les produits de son travail. Elle est affranchie d'un rigoureux assujettissement à l'égard de son mari, et mieux armée contre ses abus.

*
* *

C. — Mais n'est-il possible à l'épouse que de satisfaire ainsi, indépendamment du mari, des besoins présents, sans pouvoir se précautionner en vue des besoins futurs de la famille ? En possession de sommes qui sont la rémunération de son labeur, ou encore d'autres sommes demeurées entre ses mains par suite de la tolérance du mari, n'arrivera-t-elle à les soustraire à l'action des pouvoirs de celui-ci qu'en les dépensant immédiatement ?

Elle peut certes, d'abord, les conserver chez elle, se réserver leur disposition par des dissimulations qu'il est difficile de ne pas approuver souvent. Mais la pratique lui permet même d'opérer un placement. Elle peut acquérir des titres au porteur. Aucune forme n'étant prescrite pour la cession de ces titres, on ne saurait empêcher l'épouse d'en acheter. De cette manière, elle se constituera parfois un petit pécule, dont elle seule a la gestion, et dans lequel elle puisera aux jours de misère plus grande.

Seulement ce mode de réaliser des économies est pour la femme une protection insuffisante. Si son épargne est trop faible pour l'acquisition d'un titre au porteur dont le taux, le plus souvent, est assez considérable, tout placement lui devient inaccessible. En outre, quelle que soit la nature des économies de l'épouse, monnaie ou titres au porteur, si le mari s'en empare par un hasard ou par la force, il pourra les dissiper librement.

Il semblait donc désirable que la femme put effectuer des placements à son nom, particulièrement des placements modestes, dont le mari ne put se saisir même par la violence. A cet égard encore la pratique est venue en aide à l'épouse. Mais elle n'a pu le faire que de manière incomplète. La législation a du intervenir pour parfaire l'œuvre de la pratique. Je suis amené ainsi à l'objet principal de mon étude, aux dispositions légales sur l'épargne de la femme mariée.

CHAPITRE III

Les Lois de 1850 et de 1886, sur la Caisse de Retraites pour la Vieillesse.

Les lois reflètent les idées des époques où elles apparaissent, subissent la pénétration des circonstances économiques contemporaines. Sous la première République où domine l'idée générale de l'égalité absolue, Cambacérès, rédige un projet de Code Civil où des droits rigoureusement identiques sont attribués au mari et à la femme. Sous la seconde et la troisième République, les idées philosophiques, les conceptions d'ensemble, font place à des préoccupations plus particulières. La situation des classes ouvrières attire principalement la sollicitude des législations. On vote alors non pas des lois générales, établissant l'égalité des époux de toute condition ; mais des lois spéciales, protégeant sur certains points déterminés la femme contre son mari, dans les populations laborieuses. J'examinerai d'abord les lois sur la Caisse de retraites pour la vieillesse.

On sait quel est le but de ces lois. L'Etat s'efforce d'améliorer le sort des familles ouvrières en assurant une pension, proportionnelle aux versements effectués, aux personnes ayant atteint un âge avancé. On comprend que l'on ait songé à décider si les femmes mariées seraient admises à opérer des versements, et quelle serait, à raison du régime matrimonial la destination de ces versements.

*
* *

A. — Dès l'année 1849, un projet de loi sur la Caisse des retraites, qui n'aboutit pas, s'inquiétait déjà de l'épouse. Il apportait en sa faveur une double atténuation aux pouvoirs du mari (1).

En principe, il est vrai, la nécessité de l'autorisation de ce dernier aux actes de sa femme est maintenu Seulement l'autorisation une fois donnée par lui au premier versement de l'épouse est irrévocable et définitive ; elle n'est plus exigée pour les versements postérieurs. On déroge déjà ainsi aux principes du code civil : les autorisations générales et surtout les autorisations irrévocables sont prohibées par le code : toute renonciation à ses droits comme mari et comme chef de la communauté est interdite à l'époux.

(1) L'art. 8 du projet statuait ainsi : « La femme mariée devra obtenir l'autorisation de son mari pour effectuer le premier versement. — En cas de refus de ce dernier l'autorisation pourra être donnée par le juge de paix, les parties entendues et dûment appelées. — En cas d'absence ou d'éloignement du mari depuis plus d'un an, le juge de paix pourra accorder la même autorisation en connaissance de cause. — Dans tous les cas, l'autorisation sera irrévocable. » — *Moniteur* du 8 mars 1849, p. 771.

Mais une seconde atteinte, plus grave peut être encore, est portée aux règles du droit matrimonial. Sur le refus du mari, en effet, la femme peut obtenir du juge de paix l'autorisation nécessaire. Or « la femme de l'ouvrier a rarement des biens propres. Mariée le plus souvent sans contrat, elle se trouve aux termes du code civil, placée sous le régime de la communauté légale. Les fruits de son travail doivent donc... tomber dans la masse commune dont le mari a l'administration et même la disposition » (1). L'autorisation du tribunal civil elle-même, serait impuissante, d'après les principes généraux, à accorder à la femme la faculté de disposer des biens communs. Le pouvoir que le projet conférait à l'épouse, sous le contrôle du juge de paix, était donc une innovation théoriquement notable. La femme recevait des droits actifs, modestes, il est vrai, sur les biens de la communauté. On se trouvait en présence du premier essai législatif tenté, pour appeler l'épouse, dans les classes populaires, à une certaine participation au gouvernement des intérêts pécuniaires de la famille.

Et le rapporteur du projet, M. Ferouillat, défendait cette réforme à l'Assemblée Constituante en des termes que l'on croirait écrits de nos jours : « Si la division se met entre eux, (les époux), si le mari est paresseux, dissipateur ou débauché... n'est-il pas juste de permettre à la femme de se mettre à l'abri des désordres de son mari et de prélever sur les pro-

(1) Rapport de M. Ferouillat à l'Assemblée Constituante, *Moniteur* du 8 mars 1849, p. 770.

duits de son travail, quelques modestes épargnes destinées à lui garantir une rente viagère qui lui soit personnelle ? Cette proposition a éveillé, il est vrai, les scrupules de quelques jurisconsultes... Nous avons pensé néanmoins que c'était pousser trop loin la rigueur du droit et qu'il fallait que la loi vint au secours de la femme, et lui permit de s'affranchir en certains cas de l'autorité maritale... Nous croyons que cette disposition loin de chasser la bonne harmonie des ménages ouvriers, tendra au contraire à l'y retenir fixé par l'intérêt » (1).

Le rapporteur ajoutait : « Si nous avons préféré l'intervention du juge de paix à celle du tribunal, c'est qu'il est le magistrat naturel de la famille, le confident des misères des plus humbles ménages, c'est que sa justice est plus paternelle, plus voisine, et plus propre à faire cesser le dissentiment des époux. Son autorisation une fois donnée devra, comme celle du mari, être irrévocable, afin de prévenir des difficultés et des tracasseries sans cesse renaissantes. » Ainsi apparaissait déjà cette conception, si en faveur aujourd'hui, du rôle du juge de paix, comme l'arbitre naturel des contestations dans les ménages pauvres.

— Ce premier projet ne reçut pas la consécration législative. Dans le second projet, qui devint la loi du 25 juin 1850, on se montre également favorable à l'épouse, mais d'une autre manière. On n'étend pas

(1) *Ibidem.*

ses droits actifs ; on ne l'autorise pas à verser sans le consentement du mari. Cette idée est abandonnée, sans qu'aucun motif de cet abandon puisse être trouvé dans les travaux préparatoires de la loi : peut-être est-il dû à un simple oubli ou à une négligence. Ce que l'on veut dans le nouveau projet, c'est attribuer à l'épouse une pension, à l'aide de ressources de la communauté. On cherche à assimiler sa situation, au point de vue de la retraite, à celle des veuves de certains fonctionnaires :

« Pour la pension de retraite des employés de l'Etat, déclare M. Benoist d'Azy, rapporteur du projet, la reversibilité de la pension au profit de la femme est une chose de droit et d'usage... Ce qui est vrai pour le fonctionnaire est aussi vrai pour l'ouvrier. Lui-même ne veut pas que sa femme reste dans la misère après lui... La reversibilité était impossible... car si vous calculez sur des chiffres exacts, il vous est impossible d'arriver à quelque chose de certain, si vous admettez la reversibilité sur une personne dont vous ne pouvez calculer l'âge (1) ». « Nous avons donc pensé qu'il fallait renoncer à la reversibilité proprement dite... et cependant la position des veuves nous a paru aussi intéressante que celle du pensionnaire lui-même (2) ». « Nous avons donc cherché un moyen... Ce moyen consiste à dire que là où un

(1) Discours de M. Benoist d'Azy, à l'Assemblée Législative. *Moniteur* du 11 juin 1850, p. 2005.

(2) Rapport de M. Benoist d'Azy. *Moniteur* du 23 octobre 1849, p. 3297.

homme est marié, lorsqu'il fait un profit, il ne peut le faire dans son intérêt personnel, unique, exclusif, il le fait pour moitié pour sa femme et pour lui ; le dépôt fait par la femme profite également au mari comme à elle » (1).

On s'inspire ainsi de l'esprit général de la communauté : chaque époux bénéficie pour moitié des versements effectués par son conjoint. — On s'écarte cependant des principes exacts de la communauté. La pension que les époux se préparent à l'aide des deniers communs n'entre pas en communauté ; elle constitue un propre pour chacun des conjoints. — La dérogation apportée aux règles du Code est toute en faveur de la femme. Bien commun, la pension ne lui profiterait que si elle acceptait la communauté. Bien propre au contraire, la pension lui est acquise, malgré sa renonciation à la communauté.

L'avantage pour elle est certain. Mais on voit comme cet avantage diffère de celui que lui faisait le projet primitif. On augmente les ressources pécuniaires de l'épouse, mais on n'accroît pas ses pouvoirs actifs. La préoccupation de la dispenser dans une certaine mesure de l'autorisation maritale, de l'affranchir de la toute puissance d'un mari peut-être « paresseux, dissipateur ou débauché », n'apparaît plus maintenant, comme elle se manifestait dans le premier projet, comme elle s'aperçoit dans certaines lois plus récentes. L'esprit des nouvelles dispositions est bien caractérisé par cette idée d'assurer

(1) Discours de M. Benoist d'Azy, *loc. cit.*

à la femme, par un procédé indirect, une pension analogue à celle des veuves de fonctionnaires. On veut la secourir dans sa vieillesse, de même qu'on secourt le mari. On désire étendre à l'épouse les bénéfices de l'institution de prévoyance que l'on créait avec la Caisse des Retraites, et dont on attendait des résultats si bienfaisants. Mais on ne se propose pas de protéger la femme contre le mari ; on n'apporte aucun changement aux pouvoirs respectifs des époux.

Sur un point cependant l'idée ancienne du projet primitif est maintenue : « En cas d'absence ou d'éloignement de l'un des conjoints depuis plus d'une année, le juge de paix pourra suivant les circonstances accorder l'autorisation de faire des versements au profit exclusif du déposant » (1). Le droit d'opérer des versements sans le consentement du mari, et avec la seule autorisation du juge de paix, est donc concédé à l'épouse au moins en cette hypothèse : « Les formes prescrites par nos lois pour la séparation judiciaire sont trop dispendieuses pour les classes pauvres ; l'accomplissement de ces formalités entraînerait une dépense égale au capital que peut verser un ouvrier dans l'espace de plusieurs années. Il faut donc un moyen plus simple et qui n'entraîne aucun frais. Nous avons admis comme ceux qui se sont occupés avant nous de cette question que le juge de paix pourrait autoriser les versements séparés » (2). L'idée de considérer le juge de paix

(1) Loi du 25 juin 1850, art. 4, al. 6.
(2) Rapport de M. Benoist d'Azy, *loc. cit.*

comme l'arbitre de la famille ouvrière se trouvait donc définitivement consacrée.

Toutes ces dispositions furent adoptées par l'Assemblée législative (1) sans contestation (2), alors que l'ensemble de la loi souleva des discussions passionnées.

Sauf sur une question un peu secondaire, l'idée d'une extension des pouvoirs de l'épouse avait donc été écartée. La pratique cependant allait accomplir, dans une mesure restreinte, ce que la loi n'avait pas voulu tenter.

— A la suite d'un procès, la commission supérieure de la caisse de retraites décida en 1854, que la femme mariée, même commune en biens, serait admise sans autorisation à des versements minimes ne dépassant pas les économies journalières du ménage. L'épouse agirait ainsi en vertu du mandat tacite qu'elle tient du mari pour les menues dépenses domestiques. (3) On peut douter de l'exactitude juridique de cette opinion. Mais le but cherché était fort louable. Et il est intéressant de constater déjà ici cette idée du mandat tacite par laquelle on légitimera plus tard le droit de la femme mariée de déposer à la caisse

(1) Elles devinrent l'art. 4 de la loi de 1850.

(2) *Moniteur* des 12 et 19 juin 1850, p. 2010 et 2100.

(3) Procès-verbaux de la commission supérieure : séance du 18 février 1854. Ces procès-verbaux sont conservés en manuscrit au ministère du commerce, où on a bien voulu m'en donner communication.

d'épargne. — La somme que l'épouse peut ainsi verser sans l'autorisation de son mari fut fixée à 150 fr. (1)

*
* *

B. — Mais c'était la loi du 20 juillet 1886 qui devait définitivement accomplir la réforme tentée sans succès en 1849 et réalisée dans des limites modestes par les règlements de la Caisse des Retraites.

Auparavant la loi de 1881 sur les caisses d'épargne avait déjà reconnu à l'épouse le pouvoir de prendre des mesures de prévoyance sans l'autorisation maritale. Ce précédent explique peut-être que la disposition de l'art. 13 relative au droit de la femme d'effectuer des versements à la caisse des retraites fut adoptée sans débat par les Chambres, alors que cependant les parties voisines de l'article sur le maximum et la destination des versements des époux furent discutées et modifiées par le Sénat (2).

(1) Voy : par exemple, l'instruction ministérielle du 1er août 1877, art. 8 :

Une femme mariée et commune en biens ne peut verser, même au compte des deux époux, une somme supérieure à 150 fr. sans être assistée ou autorisée de son mari.

(2) La loi de 1886 est sortie de tout un ensemble de propositions et de projets de loi sur la Caisse de Retraites. Le droit de l'épouse de faire des versements sans autorisation apparaît pour la première fois dans le projet déposé par M. Tirard, le 1er mai 1883 (*Journal officiel*, 1883, Doc., ch., p. 708). Cette innovation fut adopté par la Chambre le 30 octobre 1884 et le 5 août 1885, et par le Sénat le 4 mars et le 5 avril 1885.

Certains des motifs donnés à l'appui de la réforme peuvent sembler bien singuliers. « Actuellement, lit-on dans le rapport de M. Maze à la Chambre (Doc. ch., 1884, p. 946), toute personne peut se présenter comme intermédiaire pour faire des verse-

L'épouse obtient, quel que soit le régime matrimonial, auquel elle est soumise, le pouvoir absolu, sans restrictions, d'opérer des versements à la caisse des retraites. On ne peut considérer ce pouvoir, ainsi qu'on le fait à propos des lois sur les caisses d'épargne, comme un simple mandat révocable par le mari. Il est impossible à ce dernier d'interdire en aucune façon les versements de la femme, ou de se faire restituer les sommes versées. Aucune faculté d'opposition ne vient maintenir le droit supérieur du mari comme chef de la communauté ou comme administrateur du patrimoine de l'épouse. Or, la femme est mariée le plus souvent sous le régime de la communauté. Les versements seront faits à l'aide des deniers communs. L'épouse reçoit donc le pouvoir de collaborer dans une certaine mesure, avec son mari, à l'administration du patrimoine de la communauté.

Et son droit ne se limite pas à la liberté d'apporter ses économies à la caisse des retraites. La femme détermine encore, à certains égards, la destination des versements. Toute somme versée par l'un des deux conjoints profite séparément, d'après la loi, à chacun d'eux pour moitié. Mais l'épouse peut décider à quel âge elle et son mari bénéficieront de la

ments au profit de deux conjoints. Pourquoi priver la femme de ce droit? » Or, pour des raisons de moralité et de dignité familiale que l'on conçoit, avant comme après la loi de 1886, aucun versement au profit de la femme n'est accepté de la part d'un tiers sans l'autorisation du mari. Il n'y avait donc là rien moins qu'un précédent en faveur d'une extension des droits de l'épouse.

rente. Elle règle ainsi, comme elle l'entend, non seulement les conditions de sa propre pension, mais encore celle de la pension de son mari, « seigneur et maître », pourtant de la communauté. De même la femme déclare si le versement est effectué à « capital aliéné, ou à « capital réservé », c'est-à-dire si son droit et celui du mari consisteront uniquement en une rente viagère, ou si, à leur décès une certaine somme doit être remise par la Caisse à leurs successeurs. On voit combien est radicale l'atteinte portée à la suprématie maritale par la loi de 1886. Dans les limites des versements possibles à la caisse de retraites, aucune restriction n'arrête le pouvoir de l'épouse de disposer des biens de la communauté.

L'idée d'une augmentation des droits actifs de la femme mariée qui avait été écartée en 1850, triomphe donc aujourd'hui. Mais on n'abandonne pas cependant les dispositions de la loi de 1850. A côté des principes nouveaux, les principes anciens sont maintenus. « Le versement opéré antérieurement au mariage reste propre à celui qui l'a fait... Le versement fait pendant le mariage par l'un des deux conjoints profite séparément à chacun d'eux pour moitié. En cas de séparation de corps ou de biens, le versement postérieur profite séparément à l'époux qui l'a opéré. »(1)

On sait en quoi ces dispositions sont avantageuses pour la femme. — Mariée sous le régime exclusif de communauté ou sous le régime dotal, les revenus de

(1) Art. 13 de la loi de 1850.

ses biens appartiennent au mari ; elle n'a droit qu'à la restitution du capital. De cette manière, au contraire, outre le capital, elle touchera une rente acquise uniquement au moyen des deniers du mari. — Mais, d'ordinaire, l'épouse est soumise au régime de communauté. Son bénéfice est encore certain. Elle conserve la pension ou le droit à la pension créée à l'aide de sommes de la communauté, alors même qu'elle renoncerait à la communauté. Et comme la femme peut effectuer des versements à la caisse des retraites sans aucune autorisation maritale, il dépend d'elle seule ainsi de se constituer des ressources propres au détriment de la communauté.

*
* *

C. — Mais les prescriptions de la loi ne seront entièrement favorables à l'épouse que si tout versement de l'un des deux conjoints, sans exception, fait naître un propre pour moitié au nom de chacun d'eux, et si aucune récompense n'est due pour les versements opérés à l'aide des deniers communs. A cet égard, l'accord n'est pas fait dans la doctrine et la jurisprudence.

On s'entend généralement à reconnaître le caractère de bien propre à la rente viagère servie par la Caisse des retraites. Mais le déposant peut demander qu'à son décès un certain capital soit remis par la Caisse à ses successeurs. Ce capital est-il également un propre?

Il doit être commun, décide un jugement. D'après

les principes du Code, aucun époux ne peut se constituer un propre pendant la durée du mariage. Une exception à cette règle ne peut être admise que si elle résulte de la volonté certaine du législateur. Or les travaux préparatoires et le texte de la loi de 1850 paraissent bien vouloir déroger au droit commun en ce qui concerne la rente due par la Caisse des retraites. Cette rente a un caractère alimentaire qui lui a fait attribuer la nature de bien propre. Mais les travaux préparatoires ne sont plus aussi formels pour le capital réservé par le déposant à ses héritiers ; ils semblent même déclarer le contraire. Les principes généraux doivent donc s'appliquer ; le capital tombe en communauté (1).

La Cour de cassation a infirmé, et très justement, cette décision : Aucune distinction, en effet, n'est faite par la loi entre le capital et la rente. — La distinction serait même inconciliable avec les dispositions de la loi de 1850. Si le capital, même inscrit au nom de l'épouse, était une somme commune, le mari pourrait l'aliéner à tout moment, de même qu'il dispose de tout autre bien de la communauté. Or ce résultat est contraire aux prescriptions certaines de la loi. De même encore on ne s'expliquerait pas avec le système opposé, que l'un des époux puisse, quand il lui plaît, abandonner le capital que l'on déclare commun pour se faire élever le taux de la rente, que l'on reconnaît être un bien propre. L'identité du caractère juridique du capital et de la

(1) Trib. Bar-le-Duc, 3 décembre 1884, Sirey, 1889-1-338.

rente apparaît bien évidente (1). —L'épouse pourra se constituer ainsi, d'après l'opinion qui a triomphé devant la Cour de cassation, et dans la doctrine, non seulement une rente viagère aux dépens de la communauté, mais encore un petit pécule propre qui sera payé par la Caisse de retraites à ses héritiers.

Mais du moins, ne devra-t-elle pas une récompense à la communauté pour l'enrichissement qu'elle se procure à son détriment?

Un tribunal l'a pensé. La dérogation aux règles générales ne porte que sur le caractère propre de la pension de retraite ou du capital réservé. Nulle part n'apparaît l'intention de porter atteinte également au principe supérieur des récompenses. La femme acceptant la communauté ou y renonçant devra, comme le mari, rembourser à la communauté l'intégralité des versements effectués à l'aide des deniers communs (2).

Un autre tribunal distingue : La récompense n'est pas due pour les arrérages de la rente déjà perçus pendant la durée du mariage. C'est la communauté qui a touché ces arrérages : aucun époux n'en a tiré un profit personnel. Mais après la dissolution de la communauté par le décès de l'un des conjoints, le survivant bénéficie seul des versements effectués. Il devra donc une récompense, non pas égale au total des sommes versées, comme dans le système précé-

(1) Cassation 25 juin 1888, Sirey, 1889-1-338.
(2) Trib. Seine 29 mai 1888, Sirey, 1889-2-23.

dent, mais égale à la valeur de la rente viagère capitalisée au jour du décès (1).

Mais certains auteurs repoussent toute idée de récompense. Pour des raisons supérieures d'humanité, la loi a entendu écarter complètement ici les principes ordinaires de la communauté. La pension de retraite est comme une charge du mariage, une dette alimentaire résultant de l'obligation de secours des époux, et qui ne doit donner lieu à aucune récompense de la part de celui des conjoints qui en bénéficie. C'est ce caractère alimentaire de la pension qui a fait attribuer la nature de bien propre à la rente, d'après l'opinion générale, et même au capital, d'après l'opinion la plus répandue. Ce même caractère doit faire rejeter ici toute nécessité de récompense (2).

Et en effet, dans la théorie contraire, il arriverait que l'épouse, par exemple, ne tirerait aucun profit de la loi de 1850. Ce qu'elle obtiendrait par la rente, elle devrait le restituer comme récompense. Or la loi a manifestement entendu secourir la femme dans sa vieillesse par une pension de retraite analogue, on l'a vu, à celle des veuves de fonctionnaires. On s'est placé ici en dehors de la divergence des intérêts égoïstes et opposés ; on n'a plus voulu de ces précautions minutieuses prises par le Code pour éviter tout

(1) Trib. Meaux, 2 février 1870, Sirey, 71-2-101.

(2) Voy. Garnier, *Rép. pér. de l'enregistrement*, année 1871, n° 3258 ; *Journal du Notariat*, n° 2196 ; *Revue du Notariat*, 3004.

enrichissement de l'un des époux au détriment de l'autre. On a désiré plus de solidarité dans la famille. Admettre la récompense serait aller contre le but et l'esprit de la loi.

On doit donc conclure, ce semble, qu'un réel avantage résulte pour la femme mariée des lois sur la caisse de retraites. Ses versements comme ceux du mari feront naître à son profit en propre pour moitié sans récompense à l'égard de la communauté.

— Les versements peuvent cependant profiter exclusivement à l'un des époux. Le juge de paix a le pouvoir de le décider ainsi en cas d'absence ou d'éloignement de l'un des conjoints depuis plus d'une année. La loi de 1886 a confirmé à cet égard la loi de 1850 qui contenait déjà une disposition analogue. On voit combien on s'éloigne ainsi des règles générales de la communauté. C'est en réalité, sur un point spécial, une sorte de séparation de biens qui peut être prononcée par le juge de paix.

— Dans tout l'ensemble des dispositions que j'ai examinées, on a pu constater les dérogations nombreuses et profondes apportées aux principes du Code civil. Il fallait exposer ces dérogations à cause de leur importance théorique, et aussi à cause de l'ancienneté de l'intervention législative que l'on aperçoit ici, en faveur de l'épouse dans les classes laborieuses. Mais on doit reconnaître que la femme mariée exerce bien rarement les droits que lui accordent les lois sur la Caisse de Retraites. Cette institution n'a pas obtenu dans le monde ouvrier le succès que l'on espérait.

Relativement aux prévisions, le nombre des pensionnaires de la Caisse des Retraites n'est pas considérable. En outre, les versements y sont principalement collectifs ; ils sont faits par des Sociétés de secours mutuels qui versent à la fois pour tous leurs adhérents. Les versements individuels restent en minorité. Et une partie seulement d'entre eux, sans doute très faible, peut être attribuée à des femmes mariées. Il faut arriver aux lois sur les Caisses d'Épargne pour constater une réelle amélioration du sort de l'épouse dans les classes populaires.

CHAPITRE IV

Les lois sur les Caisses d'épargne.

Les usages de la pratique antérieurement à l'intervention législative.

La première loi relative aux droits de l'épouse à l'égard des caisses d'épargne date seulement de l'année 1881. Mais l'histoire des relations de l'épouse avec ces institutions de prévoyance a commencé bien antérieurement aux lois de 1881 et de 1895, et elle ne s'est pas arrêtée après la promulgation de ces lois. Avant toute intervention législative, la pratique était déjà venue en aide à la femme mariée, et avait limité en sa faveur les pouvoirs du mari. Lorsque la législation à son tour s'est occupée de l'épouse, elle n'a augmenté ses droits que d'une manière timide et incomplète. C'est encore la pratique qui s'est efforcée de développer et d'achever les tentatives du législateur. A côté du droit écrit, le droit coutumier a continué son œuvre bienfaisante pour la femme. C'est de la combinaison des lois et de la pratique que résulte la situation présente et réelle de l'épouse à l'égard des caisses d'épargne.

*
* *

Lorsque les caisses d'épargne ont commencé à se développer en France, la question des dépôts de l'épouse a dû se poser. Il semblerait qu'au point de vue strictement légal, la solution de cette question ne dût présenter aucune incertitude. L'autorisation maritale était nécessaire aux versements de toute femme soumise à un régime autre que celui de la séparation de biens.

Elle était indispensable en particulier à la femme mariée sous le régime de la communauté. Dans ce régime les deniers qui peuvent se trouver entre les mains des époux sont des biens communs ; aucun dépôt n'est possible qu'à l'aide des ressources de la communauté. Comme le mari a seul la disposition du patrimoine commun (1), lui seul en réalité a le droit de porter les économies de la famille à la caisse d'épargne. Si cependant l'épouse dépose avec le consentement du mari, elle ne le fait pas en son nom propre, mais en vertu d'un mandat du mari et au nom de ce dernier. La femme ne saurait être dans ce cas qu'un simple intermédiaire. Les rapports de droit définitifs ne s'établissent qu'entre le mari et la caisse d'épargne. Par l'entremise de l'épouse, c'est au fond le mari qui opère un placement à la caisse. De même aussi les dépôts de la femme commune, même effectués antérieurement au mariage, constituent des créances de communauté. C'est le mari qui est le

(1) Art. 1421, Code civil.

véritable créancier. Il a le droit au remboursement des sommes versées par l'épouse ; lui seul a qualité pour en donner valablement acquit.

Telles étaient les règles qui résultaient avec évidence des textes du Code. La pratique pourtant ne s'y est point conformée.

Avant la loi de 1881, les Caisses d'Epargne obéissaient, en cette matière, aux prescriptions de l'instruction ministérielle du 4 juin 1857, qui elle-même reproduisait à cet égard l'instruction du 17 décembre 1852.

L'instruction ministérielle, fidèle tout d'abord aux principes du Code, exige l'autorisation maritale pour le premier versement de l'épouse (1).

Mais une fois que le mari a consenti à laisser ouvrir un compte à sa femme, celle ci n'a plus besoin d'autorisation pour les versements postérieurs (2). Et l'on s'écarte déjà ainsi des règles exactes de la loi. On peut admettre sans doute que par son assentiment au premier versement, le mari a implicitement donné à sa femme le mandat de faire les versements ultérieurs. Mais tout mandat est révocable. Or, on n'aperçoit dans l'Instruction ministérielle aucun moyen pour le mari de défendre à sa

(1) Instr. Minist. de 1857 § 4 : Lorsqu'il est fait un premier versement par une femme, si elle déclare être en puissance de mari, il y a lieu de demander qu'elle soit assistée de ce dernier ou de lui autorisée.

(2) Inst. Minist. de 1857 § 14 : Les versements postérieurs au premier sont reçus sur la présentation du livret, sans qu'il y ait à fournir d'autre justification.

femme de continuer à déposer. On se trouverait donc en présence d'un mandat irrévocable contraire aux principes ordinaires du mandat, et aussi aux principes du droit matrimonial. La loi prohibe en effet toute renonciation du mari à ses pouvoirs comme chef de la communauté (1). C'est pourtant une renonciation de cette nature qu'autorise l'instruction ministérielle.

Mais une dérogation plus profonde encore est apportée aux règles du code. Les caisses doivent refuser tout remboursement à l'un des conjoints, au mari ou à la femme, agissant isolément ; elles ne peuvent restituer les sommes déposées qu'aux deux époux ; si un seul d'entre eux se présente à la caisse, il doit apporter le consentement écrit de l'autre. Le mari maître pourtant de la communauté est ainsi incapable de toucher les créances communes ; il n'y parvient, contrairement aux principes, qu'avec le concours de l'épouse (2).

Sur le refus de cette dernière, cependant, une ressource extrême restait au mari qui voulait recouvrer les sommes auxquelles légalement il avait droit. Il pouvait s'adresser à la justice. Mais dans une certaine mesure la jurisprudence elle-même a approuvé les

(1) Art. 1388 Code civil.

(2) Inst. Minist. de 1857 § 29 : Dans le cas où le livret est ouvert au nom d'une femme qui s'est déclarée mariée lors du premier dépôt, si le remboursement est fait au mari et à la femme, présents l'un et l'autre, on leur fait signer à tous deux la quittance. Si un seul est présent, on le fait signer, et on annexe à la quittance le consentement écrit et signé de l'autre.

dispositions de l'instruction ministérielle. Lorsqu'en effet la question a été portée devant les tribunaux, ceux-ci ont. il est vrai, ordonné aux caisses, conformément aux prescriptions du code, de verser au mari les sommes déposées par sa femme. Mais ils ont trouvé légitime l'attitude des caisses d'épargne qui se refusaient à payer, sans jugement, au mari seul. Et ils ont condamné ce dernier aux dépens.

« Attendu, prononce un jugement que c'est à bon droit que la caisse d'épargne... n'a pas cru pouvoir remettre au mari, sur sa seule décharge, le montant d'un livret dont il n'est pas titulaire ; qu'elle n'avait pas à se rendre juge du plus ou moins de fondement des prétentions de celui-ci (1)... ».

D'après cette jurisprudence ainsi, le consentement de la femme était en principe nécessaire au mari, qui désirait retirer les dépots effectués par elle. Le seul moyen pour le mari de triompher de la résistance de la femme consistait en un recours aux tribunaux. Il devait subir toutes les formalités et les longueurs de l'instance, et s'entendre condamner à payer les frais du procès. L'intervention judiciaire entraînait le mari à des dépenses tellement disproportionnées parfois avec le montant du livret de l'épouse, qu'il devait souvent s'abstenir ou essayer de s'entendre avec sa femme. La pratique générale demeurait la restitution des dépôts aux deux époux.

Voici par quelle argumentation un second juge-

(1) Trib. Seine, 16 novembre 1875, *Journal des caisses d'épargne*, année 1887 p. 75 et s.

ment motive ce système de la jurisprudence. Selon ce jugement, « l'exécution par les déposants des clauses des règlements de la caisse d'épargne, doit être d'autant plus rigoureusement observée, qu'elles sont mentionnées *in extenso* sur tous les livrets. » Le mari qui a pu lire tout au long ces règlements dans le livret, les a acceptés implicitement. Entre lui et la caisse d'épargne serait intervenu un contrat tacite par lequel il renonce à se réclamer de sa qualité de chef de la communauté, et consent à ce que le remboursement ne soit fait qu'aux deux époux. (1)

Mais cette théorie parait en contradiction avec les principes certains du droit matrimonial. La disposition par laquelle la loi institue le mari chef de la communauté est d'ordre public. Le mari ne saurait valablement abdiquer ses pouvoirs. C'est ce qu'il ferait pourtant en s'interdisant la faculté d'exiger le remboursement, sur sa seule quittance, des dépôts de l'épouse, qui constituent une créance de communauté. Un contrat de cette nature impliquant renonciation partielle à ses droits est radicalement nul, et ne saurait lui être opposée. La jurisprudence appuie par un système peu juridique l'atteinte portée aux règles du code par les instructions ministérielles. (2)

(1) Trib. Seine, 26 janvier 1875, *Journal des Caisses d'épargne*. Ibid.

(2) Les inexactitudes de droit commises par ces instructions n'ont pas échappé aux jurisconsultes. Un article de M. Peyré dans la *Revue Critique* (année 1854, p. 304) attaquait avec vivacité les prescriptions de l'instruction ministérielle de 1852. Les objections de cet article sont irréfutables en doc-

En réalité, plus ou moins ouvertement, la pratique restreint, de manière sensible, les droits du mari, en faveur de l'épouse. Les prérogatives du mari demeurent intactes, tant qu'il n'a pas autorisé le premier versement de sa femme. Mais dès qu'il l'a fait, il perd son pouvoir supérieur. L'épouse peut continuer à déposer malgré la volonté contraire du mari. Et elle peut aussi empêcher tout remboursement des dépôts qu'elle trouverait innoportun.

Sous la seule obligation du consentement initial du mari, il est possible à la femme de se constituer un petit pécule qu'elle grossit comme il lui plait, et dont le mari ne peut s'emparer sans son concours. Une portion de la communauté, relativement importante dans les classes ouvrières, échappe au pouvoir de disposition du mari, est soumise, dans une certaine mesure, à l'administration de l'épouse.

Une protection sérieuse était ainsi assurée à la femme dans les populations laborieuses. Epouse prévoyante d'un mari dissipateur, elle pouvait obtenir, dans un moment favorable, son autorisation au premier versement à la caisse d'épargne. Une fois cette autorisation obtenue, elle avait les moyens de soustraire une partie des ressources du ménage aux habitudes ruineuses du mari. Des économies assez

trine. On peut cependant regretter la tendance de certains jurisconsultes à méconnaitre l'utilité des efforts souvent louables de la pratique pour adapter le droit aux nécessités nouvelles, aux transformations incessantes, d'une vie sociale constamment en mouvement.

considérables pouvaient s'amasser à la caisse d'épargnes, susceptibles d'être d'un grand secours pour les conjoints, pour le mari aussi bien que pour la femme, en des jours de besoin.

L'aide ainsi apportée par la pratique à l'épouse demeurait cependant insuffisante. Par son refus d'autoriser le premier versement, le mari restait toujours maître d'empêcher la femme de prendre les mesures de prévoyance désirables. D'autre part si le mari ne pouvait retirer sans le consentement de l'épouse les sommes déposées par elle, celle-ci aussi était impuissante à se faire rembourser sans l'assistance du mari. Elle ne pouvait donc reprendre seule ses économies aux moments où elle le jugeait nécessaire.

Cette impossibilité du libre retrait des sommes versées par elle devait même modérer son empressement à s'adresser aux caisses d'épargne. L'observation a été faite souvent, et elle repose sur un trait psychologique bien humain : l'épouse s'imposera beaucoup plus volontiers des privations, si elle sait pouvoir user à sa guise de ses économies ; elle versera plus fréquemment à la caisse d'épargne, si elle a l'entière disposition de ses dépôts ; dans le cas contraire elle préférera conserver chez elle les deniers épargnés, ou même les dépenser.

Il est vrai que par un moyen un peu détourné, la femme parvenait en fait à déposer à la caisse, et à retirer, sans le concours de son mari. Elle se faisait ouvrir un compte à son nom de jeune fille et aucune restriction ne limitait alors sa liberté. Les administrateurs des caisses ignorant ou feignant d'ignorer sa qualité d'épouse, ne s'inquiétaient pas des pouvoirs du mari sur les deniers qui leur avaient été confiés. Il semble que dans les caisses d'épargne on montrait assez de complaisance à admettre la véracité d'affirmations semblables de la part d'une femme mariée. Une pratique presque générale s'était constituée en ce sens. On rappellera souvent cette pratique dans les débats qui devaient avoir lieu au Parlement au sujet des propositions de lois sur les caisses d'épargne :

« La faculté de dépôt, sans autorisation préalable, existe, dira-t-on, mais elle existe d'une manière irrégulière (1). » Ou encore : « Quand elles (les femmes) déposent à la caisse d'épargne, on ne refuse pas leurs dépôts, et quand elles les retirent, on ne leur refuse pas davantage leurs retraits... Le livret donne le nom de la femme, mais il n'indique pas particulièrement le nom du mari (2). »

On peut voir dans cette dernière phrase comme un aveu du procédé employé par les caisses, pour déroger en faveur de l'épouse aux principes formels du code civil. Mais on doit reconnaître que de cette manière, quelles que fussent les circonstances de fait qui souvent excusaient les habitudes des

(1) Discours de M. Tallon à l'Assemblée nationale, séance du 15 mai 1875 (*Journal Officiel* du 16).

(2) Discours de M. Robert de Massy au Sénat, séance du 28 mars 1881. (*J. Off.* du 29.)

caisses d'épargne, on sortait entièrement de la légalité. Il pouvait paraître désirable par suite, que la législation intervînt pour consacrer et surtout pour compléter la protection que la pratique accordait à l'épouse.

CHAPITRE V

Les tentatives faites avant la loi de 1881 pour étendre les droits de la femme mariée en matière d'épargne.

En 1869, à l'occasion de certaines pétitions et de plusieurs vœux de conseils généraux, le désir d'une législation favorable à l'épouse en matière de dépôts dans les caisses d'épargne fut exprimé au Sénat de l'Empire. Un rapport de M. *Boinvilliers*, du 10 février 1869, propose parmi un ensemble de dispositions relatives aux caisses d'épargne, que « la femme et le mari soient admis à déposer. La femme pourrait retirer le dépôt sauf le cas d'une opposition formée par le mari (1). » A la séance du 9 mars, le baron *Dupin* insiste sur les qualités de travail et d'économie des femmes (2). Et le 12 mars, M. Boinvilliers défend les conclusions de son rapport, en se référant principalement à la loi anglaise de 1861 sur les caisses d'épargne. Le Sénat se montra sympathique aux résolutions proposées (3). Mais la chute de l'Empire ne permit pas de donner satisfaction aux vœux du Sénat.

(1) *Moniteur*, année 1869, p. 219.
(2) *Moniteur*, 1869, p. 317.
(3) *Moniteur*, 1869, p. 334.

Une nouvelle tentative fut faite en 1872 à l'Assemblée nationale. Une proposition de loi sur les caisses d'épargne était présentée le 3 août par MM. *Fournier*, *Tallon*, *Chabaud-Latour* et plusieurs de leurs collègues. Elle contenait un article qui octroyait à l'épouse le droit d'effectuer des dépôts dans les caisses et de les retirer sans l'autorisation du mari, sauf opposition de la part de ce dernier (1).

L'exposé des motifs, assez étendu, de la proposition Fournier est presque muet sur la disposition qui a trait à la femme mariée. Il se borne à déclarer que cette disposition n'a pas besoin d'être défendue. On va voir, au contraire, comment la réforme qui, au début, dans le rapport de M. Boinvilliers au Sénat de l'Empire, dans l'exposé de motifs de M. Fournier, paraissait anodine et aller de soi, rencontrera une vive opposition à l'Assemblée Nationale, et plus tard encore, en 1880 et 1881, à la Chambre et au Sénat.

Le rapport sur la proposition Fournier, confié à M. *Denormandie* (2) se montra également favorable à l'épouse : « Dans les conditions qui composent ordinairement le personnel des caisses d'épargne, déclare ce rapport, les femmes généralement travaillent et elles gagnent par leur travail une rémunération qui leur est tout à fait personnelle. Il nous a paru indispensable sous peine de les décourager, de leur don-

(1) Art. 9 de la proposition Fournier, *Journal Officiel*, 1872, annexes, n° 1311.

(2) Rapport du 28 janvier 1875, *Journal Officiel*, annexe n° 2870.

ner le moyen de faire et de garder les économies à l'aide de versements effectués en leur nom à la caisse d'épargne ».

Une extension de la capacité de l'épouse semblait donc désirable. Mais on ne voulait pas cependant supprimer le droit supérieur du mari. Dans la combinaison de ces idées contraires, était toute la difficulté de la réforme : « Nous avons pensé concilier cette double préoccupation, continue le rapport, en autorisant la femme à retirer seule, même sans le concours du mari, mais en réservant à celui-ci le droit de faire au besoin opposition au retrait sollicité. Dans le cas où cette opposition se produirait, les tribunaux auraient à l'apprécier ».

L'article 3 du projet de la Commission fut rédigé conformément à ces idées (1).

Cet article vint en discussion à l'Assemblée Nationale dans la séance du 15 mai 1875 (2). Il y fut combattu par MM. *Cherpin* et *Le Royer*. Leurs objections sont intéressantes à mentionner. Elles ressemblent à certaines critiques adressées de nos jours à la réforme qui donnerait à l'épouse la disposition des produits de son travail. Dans l'un et l'autre cas, on confond deux idées fort différentes.

Pénétrés de l'idée exacte, d'après le Code civil,

(1) « ..... Les femmes mariées, quel que soit le régime de leur contrat de mariage, seront admises à se faire ouvrir des livrets sans l'assistance de leurs maris ; elles pourront retirer sans cette assistance, les sommes déposées sur les livrets ainsi ouverts, sauf opposition de la part de leurs maris. »

(2) *J. Off.* du 16 mai.

que tout bien de la communauté est à la disposition du mari, les adversaires de la proposition Fournier ne peuvent comprendre qu'une limitation aux droits du mari ne soit en même temps une limitation à l'étendue de la communauté. Alors qu'on songe à donner seulement à la femme l'*administration* de certains biens qui continuent cependant à faire partie de la masse commune, qui entreront dans le partage de la communauté, à sa dissolution, ils pensent qu'on prétend accorder également à l'épouse la *propriété* personnelle de ces biens, que l'on institue à son profit une véritable séparation. La proposition de la commission ne conférait à la femme que la gestion, dans des limites déterminées, de certaines économies de la communauté. Bien de plus. Nulle part n'apparaît l'intention d'exclure ces économies de la communauté, de les attribuer uniquement à l'épouse.

C'est pourtant le reproche de vouloir opérer une pareille réforme que fit à l'art 3, le premier orateur hostile au projet, M. *Cherpin* : « C'est en ce qui concerne la femme mariée une séparation de biens en masse que vous allez prononcer, déclara-t-il. C'est-à-dire que dans les limites des dépôts on vous propose de substituer dans le ménage l'autorité de la femme à l'autorité du mari... de saper d'un seul coup les principes les plus respectables inscrits dans nos lois civiles ».

« Savez-vous ce que c'est que le droit donné à la femme de faire un dépôt, si vous lui donnez en même temps le droit de retirer sans l'intervention du mari? Vous prononcez et *de plano* ce que les tribunaux souvent n'oseraient pas faire, vous prononcez la séparation de biens jusqu'à concurrence de 1000 fr. »

Et ailleurs encore : « Sous le régime de la communauté d'acquêts... le mari... est tenu des dettes; et la femme qui peut s'en affranchir aurait le droit cependant de *prendre une partie de cet actif* en usant de la simple mesure d'un dépôt à la Caisse d'épargne ? »

M. Le Royer, que nous retrouverons toujours opposé à la réforme, lors des discussions qui précédèrent l'adoption de la loi de 1881, ajoute après M. Cherpin :

« Quelle sera (dans la communauté) l'origine des épargnes dont la femme fera le placement et le recouvrement sans l'autorisation du mari ? Il n'y en a que deux, l'inconduite ou le détournement des biens de la communauté. Il n'y en a pas d'autre ». Confondant toujours le patrimoine du mari et celui de la communauté, la question de l'administration des biens, et celle de leur propriété, il proclame encore : « Il ne peut y avoir d'épargne sur les biens d'autrui ». Et il termine : « Aujourd'hui, messieurs, l'assistance judiciaire, permet à la femme de demander la séparation de biens, quand la conduite du mari démontre qu'il dissipe les biens de sa femme, ou qu'il se livre à la débauche ; la femme alors trouve protection ».

L'un des signataires de la proposition Fournier,

M. *Tallon* défendit au nom de la commission, la disposition de l'art. 3. Il le fit par des raisons d'humanité assurément très légitimes :

« Dans beaucoup de ménages, il faut le reconnaître, dit-il, le mari n'est pas l'homme prévoyant qu'on a supposé. Parfois, pourquoi le dissimuler, le chef de famille, l'ouvrier est imprévoyant et quelque fois même dissipateur ; il oublie au cabaret l'argent qui serait mieux employé dans la maison ou à la caisse d'épargne. Et alors si la femme songe avec anxiété au soin des enfants, à la maladie qui peut les frapper.., si elle se préoccupe de l'échéance du loyer et du pain du lendemain, irez-vous lui interdire tout esprit de prévoyance en lui fermant l'accès de la caisse d'épargne ? »

M. Tallon insiste également sur ce motif d'utilité : « La caisse d'épargne a dû favoriser la pratique des dépôts et des retraits faits sans autorisation préalable... Elle y a été amenée nécessairement par la loi même de son institution, parce que si l'on entoure l'accès de la caisse d'épargne d'un formalisme judiciaire excessif, on en éloigne fatalement tous les déposants .. Celui qui appréhende le moindre embarras pour le retrait ne dépose pas. »

Mais il ne répondit pas, et c'était le principal, aux objections d'ordre juridique qu'avaient présentées MM. Cherpin et Le Royer. A peine indiqua-t-il, sans s'y arrêter, cette idée de l'autorisation tacite qui devenue l'idée du mandat tacite devait plus tard faire triompher la réforme dans la loi de 1881 : « Nous avons supposé qu'il existait une autorisation tacite, une adhésion entière du chef de la famille pour qu'à côté de lui la mère, les enfants, pratiquassent la vertu de l'épargne dont lui-même donnerait l'exemple. » Et c'était bien au fond sur l'idée de l'autorisation tacite qu'il s'appuyait lorsqu'il déclarait dans différents passages : « La faculté des dépôts sans autorisation préalable existe, mais elle existe d'une manière irrégulière. » « Les conditions de tolérance des dépôts sans l'autorisation maritale sont plus ou moins élargies suivant les statuts des caisses d'épargne. » « La législation (la pratique aurait été plus exact) a toujours laissé à la femme commerçante, employée, ouvrière, la libre disposition de ce qu'elle gagne au jour le jour. Interrogez la jurisprudence. »

Mais ces réflexions, un peu éparses, n'étaient pas rassemblées et coordonnées en une argumentation juridique, qui réfutât victorieusement les critiques des adversaires de la disposition relative à l'épouse.

L'Assemblée, du reste, était hostile non seulement à cette disposition, mais à l'ensemble de la loi. L'article 3, comme aussi les articles 2 et 4 furent repoussés par elle. Et la proposition de loi tout entière fut retirée par ses auteurs. La tentative de 1872-1875 avait échoué. La réforme devait seulement aboutir, non sans grandes difficultés, en 1881.

CHAPITRE VI

La loi de 1881 sur les Caisses d'épargne.

Les travaux préparatoires. L'interprétation législative de la disposition relative à l'épouse.

En 1878, une proposition d'initiative parlementaire, due à M. *Arthur Legrand*, et déposée à la Chambre dans la séance du 7 mai, renfermait en faveur de l'épouse une disposition semblable à celle qui avait été écartée en 1875 (1). Le sort de cette disposition était lié cette fois à celui d'une réforme de portée fort considérable : la création d'une caisse nationale d'épargne, qui ne devait pas supprimer les caisses privées existantes, mais s'y ajouter. Le texte relatif à l'épouse était conçu en des termes presque identiques à celui du projet rejeté en 1875 (2), et l'innovation était défendue par des motifs humanitaires analogues à ceux qu'avait exposés M. Tallon, à l'Assemblée Nationale.

Le 17 janvier 1880, un projet de loi (3) était pré-

(1) *Journal Officiel*, 1878, annexe, n° 639.
(2) *Ibid*, p. 5488 — c'était l'art. 9.
(3) *J. Off.* 1880, annexe, n° 2182.

senté par le Gouvernement à la Chambre sur le même objet que la proposition de M. Legrand. Il avait pour but également l'institution d'une caisse d'épargne postale. Mais il repoussait la disposition concernant l'épouse : « Des innovations qui peuvent être bonnes en principe, telles que la faculté d'ouvrir des comptes spéciaux aux femmes mariées... n'ont pas paru suffisamment justifiées ou opportunes pour être inserées dès à présent dans le projet du gouvernement. » (1) On ne se montrait donc pas hostile à l'extension de la capacité de l'épouse ; on la trouvait inopportune, et peut être prématurée.

La commission chargée d'examiner à la fois le projet gouvernemental et la proposition de M. Legrand, décida « à une très grande majorité, selon les paroles du rapporteur, qu'il y avait lieu d'admettre les femmes mariées à déposer et à retirer (2). » Un dernier paragraphe fut ajouté dans ce but à l'article 6 du texte adopté par la commission.

Ce paragraphe donna lieu à un grand débat à la Chambre, dans la séance du 1er juillet 1880 (3), alors que l'ensemble de la loi était voté presque sans discussion.

Le gouvernement demanda l'ajournement de la question : « La disposition de l'art. 6, dit M. *Cazot*, ministre de la Justice, constitue la dérogation la plus grave à notre législation... Il y a là une atteinte portée

(1) *J. Off.* 1880, p. 2855.
(2) Rapport de M. Audiffred. *J. Off.* 1880, annexes n° 2706.
(3) *J. Off.* du 2 juillet.

à l'autorité maritale, et... ce n'est pas d'une façon incidente, dans une loi particulière sur les caisses d'épargne postales, qu'on peut chercher à introduire des dérogations aussi graves aux principes de notre droit civil. »

Mais l'utilité de la réforme fut brillamment défendue par MM. Arthur Legrand, Ribot, Rouher :

« Les législations étrangères, non moins que la législation française, déclara *M. Ribot,* ont fait de l'autorité maritale le pivot en quelque sorte de l'association conjugale... et cependant par un mouvement général en Europe... il y a une tendance non pas à émanciper la femme — et personne ici ne me soupçonnera de vouloir être complaisant pour des théories dangereuses et chimériques, — mais à permettre à la femme, et surtout à la femme qui travaille... à lui permettre quoi? non pas une indépendance absolue... mais de soustraire aux mains du mari, c'est-à-dire trop souvent à l'ivrognerie, au désordre, à la brutalité, les épargnes et le fruit de son travail personnel. Oui, les législations étrangères se sont efforcées d'assurer ainsi à la femme, pour sa famille, pour ses enfants, pour son foyer, ce minimum de ressources, qui est la condition de sa dignité et parfois de son existence. »

« Il ne s'agit pas de savoir, dit à son tour *M. Rouher*, si nous touchons à un principe... Il s'agit d'une question familiale et d'une question ouvrière. Il faut voir les mœurs de l'ouvrier et les besoins de la famille. Si la dérogation vous paraît injuste et dangereuse, ne la faites pas ; mais si vous la trouvez légitime, fondée, utile, intéressante pour la famille, n'hésitez pas à l'affronter, car elle touche d'un côté à des intérêts généraux très sérieux, et de l'autre elle présente des inconvénients minimes plutôt théoriques que pratiques. »

Mais déjà, avant ces orateurs, *M. Legrand* avait exposé de bonnes raisons en faveur du nouveau droit de l'épouse : « Croyez-vous, avait-il dit, que la femme qui voudrait détourner de l'argent aux dépens de la communauté, ne pourrait pas le placer plus facilement en valeurs mobilières ?... et qui sont au porteur, tandis que le livret de la caisse d'épargne... est un livret nominatif... La femme mariée qui est cliente de la caisse d'épargne, est toujours une honnête femme et l'argent qu'elle met ainsi à l'abri est peut-être de l'argent qui aurait été dépensé au cabaret par son mari. »

Mais surtout M. Legrand avait indiqué, sans y insister suffisamment, il est vrai, cette idée du mandat tacite qui au Sénat devait assurer le succès définitif de la réforme : «...En fait, il existe un mandat général, présumé au profit de la femme pour l'administration de la maison, et c'est ainsi que la femme.... engage, par la dépense quotidienne du ménage, la fortune du mari pour des sommes bien supérieures à celles qui pourraient être déposées à la caisse d'épargne... Le dépôt à la caisse d'épargne peut être considéré comme un acte nécessaire d'administration ordinaire, et dès lors comme rentrant dans la catégorie de ces faits pour lesquels le mandat est présumé... Je ne vois pas, dans la disposition, une dérogation absolue aux principes du Code civil. »

La volonté du gouvernement l'emporta cependant à la Chambre. La question fut ajournée sous la réserve cependant « qu'elle serait l'objet d'une étude spéciale à propos du projet de loi sur les caisses d'épargne ordinaires. »

— Mais précisément la commission du Sénat chargée d'examiner la loi votée à la chambre, y joignit une proposition de M. *Denormandie* qui établissait l'harmonie entre les règles relatives à la Caisse postale et aux caisses privées. L'ajournement ne s'expliquait plus. Aussi la commission du Sénat admit-elle un amendement qui reprenait la disposition favorable à l'épouse, sur laquelle la Chambre n'avait pas voulu statuer.

Le rapporteur de la commission, M. *Le Bastard* (1), invoqua principalement à l'appui du droit de la femme, le mandat tacite qu'elle tient de son mari pour l'administration quotidienne du ménage. On arrivait ainsi enfin à cette théorie du mandat tacite qui s'était dégagée peu à peu au cours de toute cette histoire. Vaguement pressentie par M. Tallon en 1875, mieux aperçue par M. Legrand à la Chambre, mais encore trop rapidement, elle est exposée par M. Le Bastard avec plus de fermeté :

« Contre la proposition que nous vous soumettons, écrit-il, une seule objection est faite : c'est qu'elle est

(1) *J. Off.*, Sénat, 1881. Annexe n° 23, p. 224.

contraire aux règles du Code civil. D'abord le Code civil remonte à une époque où les Caisses d'Epargne n'existaient pas ; ce n'est pas y déroger, que de statuer sur des cas qu'il n'a pu prévoir sans se conformer absolument à ses principes. Cette prétendue dérogation aux principes de notre droit est, du reste, fort contestable : la femme en opérant avec la Caisse d'Epargne agit en vertu d'un mandat tacite ; c'est en vertu de ce mandat tacite qu'elle peut emprunter sur gages, sans autorisation de son mari, au Mont-de-Piété, que par opposition aux Caisses d'Epargne, on a justement appelé la caisse de l'imprévoyance. Enfin... cette réserve de l'opposition du mari suffit pour sauvegarder le principe de la puissance maritale. »

Mais c'est surtout au Sénat, dans la séance du 28 mars 1881, que l'idée du mandat est développée dans toute son ampleur (1). Les partisans de la réforme ne se bornent plus au Sénat à opposer des motifs d'ordre humanitaire aux arguments juridiques de leurs adversaires. Ils suivent ces derniers sur le terrain légal. La théorie du mandat tacite est exposée de plus en plus nettement au cours du débat ; et c'est cette théorie qui explique le caractère de la loi, précise son étendue, détermine ses limites.

M. Le Royer, qui déjà en 1875 avait montré son hostilité à la disposition favorable à l'épouse, la combat à nouveau en 1881 :

(1) *Journal Officiel* du 29.

« Que peut posséder une femme si elle est mariée sous le régime de la communauté ? dit-il. Rien, incontestablement. C'est le mari qui est le maître et l'administrateur de la communauté, et toute somme qui est prélevée par la femme est... une soustraction. Si elle est mariée sous le régime dotal... ses revenus appartiennent au mari. Si donc elle prélève sur ces revenus une quotité quelconque, évidemment encore elle opère un détournement. Je pourrais passer en revue tous les régimes, et partout je trouverai cette réponse. La femme ne peut pas posséder ; elle ne peut ni disposer ni agir sans l'autorisation de son mari.

« Il est établi pour vous, pour tous, qu'elle prend sur un avoir qui ne lui appartient pas. »

L'argumentation paraît irréfutable. Sauf sous le régime de la séparation de biens, l'épouse n'a pas de ressources personnelles. Comment, dès lors, pourrait-elle faire des dépôts à la caisse d'épargne ? C'est ici que se place l'argument principal des défenseurs de la réforme. Sans doute l'épouse prélève ses dépôts sur des biens dont le mari est le maître ; mais c'est qu'en réalité elle n'agit pas en son propre nom, elle agit au nom du mari, en vertu d'un mandat qu'elle tient de celui-ci.

« Quelle est donc notre théorie ? déclara *M. Robert de Massy* au nom de la commission. Est-ce que nous donnons à la femme un droit qu'elle n'a pas ? Non, pas plus que lorsque la femme va au marché — passez-moi la trivialité de cette expression — que quand elle prend des engagements dans l'intérêt de sa famille pour les nécessités du ménage. Est-ce qu'elle n'est pas censée, aux termes de la loi, de la jurisprudence, mandataire de son mari ? »

— Ici, M. de Massy fut interrompu par des voix nombreuses : « C'est cela ! voilà la question ».

— « Il y a là, messieurs, continua-t-il, un mandat tacite. Est-ce que ce mandat, cette confiance, vous hésiterez à la lui donner quand elle veut porter ses économies à la caisse d'épargne ? »

Et la preuve qu'il y a là une simple application du mandat tacite reconnu par la jurisprudence à l'épouse, et non pas une innovation dérogeant aux principes du code civil, c'est que la pratique admettait déjà la femme à déposer et à retirer sans le concours du mari.

« Savez-vous quel est le vœu formulé dans toutes ces délibérations (des caisses d'épargne privées) qui s'est le plus généralement fait jour ? C'est celui que les mineurs, les femmes mariées puissent être autorisés à faire des dépôts aux différentes caisses d'épargne... Laissez-moi... vous dire... que les vœux qui ont été exprimés par toutes les caisses d'épargne particulières ne sont que la consécration législative d'une pratique admise partout ; ce que nous demandons, c'est la régularisation d'un fait consacré dans presque toutes les caisses d'épargne. »

Mais un mandat est toujours révocable. La théorie du mandat tacite serait une fiction juridique, non pas une réalité, si ce droit de révocation n'était pas maintenu au mari. Mais c'est ce que fait précisément le projet de loi, par le droit d'opposition aux retraits de l'épouse qu'il accorde au mari. L'opposition est le procédé fourni au mari pour exercer son pouvoir supérieur de chef de la communauté.

« Le mari a le dernier mot, son opposition ne peut être contredite, et si c'est..... clandestinement que le dépôt a été fait par la femme, l'autorité du mari sera souveraine et ne connaîtra pas de juridiction qui puisse mettre en échec son pouvoir absolu ; et son opposition commandera à la caisse d'épargne de refuser à la femme le retrait de la somme qu'elle aura déposée. Voilà, messieurs, la portée de la disposition de la loi.

« ... Mon rôle et mon devoir étaient de vous montrer qu'on exagérait la portée de la disposition dont il s'agit, qu'elle n'est pas inspirée par un mépris des principes de nos lois civiles, qu'elle ne porte pas véritablement atteinte à l'autorité maritale. »

Et M. de Massy achève enfin par l'indication des hypothèses spéciales où cette idée du mandat se légitime le plus : « Ne savez-vous pas qu'il y a... des femmes qui sont séparées de leurs maris pendant la saison du travail ? Ignorez-vous que malheureusement dans les grandes villes, il y a beaucoup de pauvres femmes qui restent avec leurs enfants, abandonnées de leurs maris ? Ces femmes, elles travaillent, et si elles travaillent assez pour faire des économies, vous ne voudriez pas qu'elles puissent, sans présenter une procuration de leur mari qui les a délaissées, qui est allé ailleurs, dont elles ne connaissent la trace vous ne voudriez pas, dis-je, qu'elles puissent porter à la caisse d'épargne le surplus des nécessités de chaque jour ? »

Après M. Robert de Massy, M. *Laboulaye* répond avec quelque ironie aux adversaires de la réforme :

« La législation qui concerne les femmes a changé plus d'une fois, parce que la condition des femmes elle-même a changé. Ainsi, au moyen-âge..., Beaumanoir, un excellent jurisconsulte, dit qu'il est permis de battre sa femme pourvu qu'on ne la tue pas, et qu'on ne la blesse pas... Je suppose que dans ce temps-là il devait y avoir des jurisconsultes pour demander au nom des principes qu'on ne touchât pas à ce droit sacré... « Où est la violation des principes ? Mais c'est vous qui les faites, les principes !... Est-ce une règle absolue que le mari puisse disposer des biens et ruiner sa femme ? C'est bon ou c'est mauvais. Si c'est bon, gardez la loi ; si c'est mauvais, modifiez-la ».

Le Sénat adopta la disposition proposée par la commission.

Mais on eut à revenir encore sur la théorie du mandat tacite. L'occasion fut fournie au Sénat d'indiquer que si le mandat est le fondement du droit conféré à l'épouse, la faveur faite à celle-ci finit là où finit le mandat.

Un paragraphe additionnel, en effet, qui aurait heureusement complété la loi, avait été proposé par *M. Bozérian*. Il était ainsi conçu : « Les maris ne pourront retirer les sommes déposées par leurs femmes qu'avec le consentement de celles-ci. En cas de désaccord entre la femme et le mari... il sera statué, par le juge de paix dans le ressort duquel se trouve la caisse, où doit s'opérer le retrait. »

M. Bozérian défendait ainsi cet amendement :

« Vous vous occupez des cas où c'est la femme qui après avoir ainsi opéré le dépôt, veut retirer la somme déposée ; mais si c'est le mari qui veut retirer la somme déposée par la femme ?... On m'a répondu : Le mari étant le maître de la communauté, il aura le droit, sans qu'il soit besoin d'introduire une disposition quelconque dans la loi, de retirer sans le consentement de la femme les sommes déposées par celles-ci.

« Je dis : mais alors, vous faites une singulière situation à la femme ; vous lui faites un singulier cadeau.

« Comment ! vous venez de faire en des termes excellents, l'éloge de la femme, de son esprit d'économie..., et vous admettez, que quand elle aura réussi à accumuler un certain pécule, un beau jour arrive celui contre lequel vous avez voulu protéger la femme, le mari... et ce mari pourra, au nom de son autorité maritale, mettre la main sur cette somme, la détourner, la dilapider au préjudice de sa femme, et malgré elle ? C'est compromettre absolument votre œuvre !...

J'ai pensé que si un désaccord se manifestait entre les deux époux, il fallait qu'une autorité intervînt pour la faire cesser... Le tribunal dont je réclame l'intervention, c'est le tribunal de conciliation par excellence, c'est celui du juge de paix. »

Voici comment au nom même de la théorie du mandat, sur laquelle on s'était appuyée pour demander le vote du texte de la commission, M. *Denormandie* combattit cette disposition additionnelle :

« Vous vous êtes décidés, dit-il, à voter le dernier paragraphe de l'article 6, parce qu'on vous a parfaitement fait comprendre qu'il ne s'agissait pas de porter atteinte au droit, mais qu'on voulait simplement légaliser un fait et une pratique qui étaient dans l'intérêt de la femme. En effet s'il y a conflit..., la caisse d'épargne ne peut rien pour la femme, et les époux étant divisés, on ne peut que les renvoyer au droit commun et à l'intervention des tribunaux. Le cas que suppose l'article 6, est le cas où il n'y a pas de conflit..., où le mari lui donne (à sa femme) par son silence même, un mandat tacite, en vertu duquel elle fait et place ses économies. Vous avez bien compris que vous respectiez le droit d'une façon absolue, car l'article ajoute : sauf opposition de la part de leur mari.

Que voudrait aujourd'hui M. Bozérian ? Il suppose qu'il y a conflit entre les époux, et..., il donne au juge de paix compétence pour statuer sur la difficulté... Or s'il (le juge de paix) donne tort au mari, que devient l'art. 1421 du code civil, qui porte qu'il est seul chargé d'administrer la communauté... C'est... une atteinte au droit. C'est la création au profit de la femme d'un droit trop étendu, d'un droit exorbitant qui ferait obstacle en vertu de la présente loi, à la puissance maritale ».

L'amendement de M. Bozérian fut rejeté. Le Sénat manifesta donc nettement sa pensée de circonscrire le droit de la femme dans les limites d'un mandat qu'elle est supposée tenir de son mari. Il se refusa à porter atteinte aux prérogatives du mari.

Le texte voté par le Sénat fut adopté sans discussion à la Chambre (1). Il devint le dernier alinéa de l'article 6 de la loi du 9 avril 1881, portant création d'une caisse d'épargne postale (2). L'article 21 de la même loi déclara applicable la disposition finale de l'article 6 aux opérations de l'épouse avec les caisses privées que l'institution de la caisse nationale ne supprimait pas.

(1) Voyez le nouveau rapport de M. Audiffred, *J. Off.* 1881, Chambre, annexes, p. 485. La Chambre accepta la loi, le 5 avril 1881. *J. Off.* du 6, p. 766).

(2) Cet alinéa est ainsi conçu : « Les femmes mariées, quel que soit le régime de leur contrat de mariage, seront admises à se faire ouvrir des livrets sans l'assistance de leurs maris ; elles pourront retirer, sans cette assistance, les sommes inscrites aux livrets ainsi ouverts, sauf opposition de la part de leurs maris. »

CHAPITRE VII

L'interprétation doctrinale de la disposition de la loi de 1881, relative à l'épouse.

Le débat qui avait eu lieu au Sénat avait déterminé clairement la portée de la disposition de la loi de 1881, relative à la femme mariée. On avait consacré une situation de fait. On avait appliqué à une hypothèse spéciale, la théorie générale du mandat domestique, déjà admise par la législation. On n'avait pas innové.

Cette interprétation de la loi devait être accueillie avec faveur par les jurisconsultes. C'est le rôle de la doctrine de coordonner les règles de droit dans un système logique, où des principes primordiaux commandent à des conséquences nécessaires, de sorte que toutes les parties de l'ensemble se tiennent et s'appuient mutuellement. Les lois nouvelles ne doivent pas demeurer en dehors des cadres juridiques, étrangères qui ne savent où se fixer. Dès qu'une loi est promulguée, dès que la tâche du législateur est terminée, l'œuvre de la doctrine commence. Elle analyse la loi, la considère sous tous ses aspects ; elle découvre les points par où elle se rattache aux idées anciennes et n'en est que le développement ;

elle élargit la formule des principes primordiaux admis, afin d'y faire pénétrer l'esprit des dispositions vraiment neuves de la loi ; elle ne s'arrête enfin qu'après avoir acclimaté, si je puis m'expliquer ainsi, la loi nouvelle dans le milieu où on l'a introduite, qu'après l'avoir située dans l'ensemble de la construction juridique.

Or, ici, le législateur lui-même avait accompli le travail de la science. Par l'idée du mandat, il avait fait entrer les règles édictées par lui dans le système légal en vigueur. Les auteurs n'avaient plus qu'à reprendre et approuver l'interprétation parlementaire. C'est ce qu'ils firent.

Au début, cependant, la loi avait jeté quelque trouble dans la doctrine. Dans un article de la *Revue Critique* (1), M. *Testoud* parla du droit accordé aux femmes comme d'une « innovation tellement grave, qu'il est permis de se demander si les rédacteurs de la loi en ont bien calculé la portée. »

« Il ne faut pas oublier, ajoutait-il, que la loi des caisses d'épargne est faite pour les classes ouvrières qui ne connaissent guère que le régime de la communauté. Or, les économies de la femme... font, comme celles du mari, partie de la communauté, dont il est le chef suprême, et il n'est pas permis de stipuler que la femme administre la communauté, même en partie. Cependant, par l'application des règles nouvelles, on pourra voir une femme gérer toutes les valeurs communes, si les sommes écono-

(1) Année 1881, p. 579.

misées, déposées par elles à la caisse, forment l'unique avoir du ménage. Quel renversement des idées juridiques reçues jusqu'ici ! Ce n'est pas seulement une séparation de biens partielle, c'est bien plus : une communauté dont le mari n'est pas le chef nécessaire, et dont l'administration, la jouissance et même la disposition peuvent régulièrement appartenir à la femme. »

Mais ce fut là seulement, semble-t-il, une hésitation passagère dans la science. Peu de temps après l'article de M. Testoud, M. *Planiol,* proposa dans la *Revue Critique* (1), une explication de la loi plus conforme aux intentions du législateur.

Après un résumé de la discussion du Sénat, M. Planiol continue : « Je demande, après une pareille délibération, s'il est possible d'admettre que la loi du 5 avril 1881 ait fait brèche à l'art. 1421 du Code Civil ? »

Et M. Planiol expose ainsi le « sens et la portée juridique de la loi » :

« On sait que pour tout ce qui concerne l'administration intérieure de la maison et du ménage... pour les mille petits marchés de la consommation journalière, la femme est considérée comme investie du mandat général et tacite du mari. Ce mandat existe toujours et se présume, et quoique le Code n'en parle pas, sa nécessité est telle que personne ne l'a jamais mise en doute. . Notre texte n'est autre chose qu'une application de cette idée.

(1) Année 1882, p. 42.

« Quand la femme se présente pour opérer ou pour retirer un versement, elle n'agit pas en vertu d'un droit propre, elle est simplement mandataire du mari, et n'a de pouvoir que par la volonté présumée de celui ci. Point n'est besoin qu'elle apporte une autorisation de son mari... On l'en dispense, et on ne lui demande pas de justifier de son mandat, parce qu'il est *général* et *tacite*.

« Mais on ne lui confère aucun droit exceptionnel. Le mari reste libre de retirer le mandat que sa femme tient de lui : qu'il le révoque en prévenant les caisses d'épargne par une opposition, et la femme est sans titre pour retirer les fonds. Tout son pouvoir n'était qu'emprunté. »

Poursuivant son idée, M. Planiol arrive à affirmer l'inutilité de la loi. Si la déposition qu'elle édicte ne constitue pas une innovation, si elle résulte des principes établis, il était superflu de décréter une règle qui existait déjà : « Quelle est maintenant la portée de la loi ? Ma réponse va peut-être étonner ; mais ce texte n'en a aucune. Il est l'application pure et simple à un cas particulier d'une règle générale admise par tout le monde, et la répétition inutile d'un principe incontesté. »

Et il semble bien que l'interprétation présentée par M. Planiol devient celle de la doctrine, d'une manière générale.

CHAPITRE VIII

Les résultats obtenus par la loi de 1881. — La grande extension de la portée de la loi dans la pratique.

Le législateur et la doctrine s'entendent ainsi à réduire la portée de la loi nouvelle, à ne lui reconnaître nul caractère dérogatoire aux principes généraux. Aucune atténuation n'aurait été apportée à l'ancienne subordination de l'épouse. Aucune restriction n'aurait limité les pouvoirs du mari. Ce sont pourtant des résultats tout contraires que la loi a obtenus dans la réalité. Ce que la loi en effet n'a pas voulu tenter, la pratique l'a effectué. Ce que la doctrine refuse à l'épouse, la pratique le lui accorde. La femme a acquis depuis 1881 un droit propre d'épargne qu'elle exerce avec une indépendance presque complète, et les pouvoirs supérieurs du mari sont paralysés en fait.

I

Le droit de déposer de l'épouse.

Nature juridique de ce droit. — Chiffres relatifs aux dépôts des femmes mariées.

A. — Mais ce n'est pas seulement dans la pratique qu'on a porté atteinte aux règles du Code. En théorie même la loi limite déjà les prérogatives du mari.

On n'a pas assez remarqué en effet la différence des prescriptions de la loi pour les deux ordres d'actes, que l'épouse accomplit dans ses rapports avec les caisses d'épargne, pour les dépôts et les retraits.

En théorie, les principes du mandat sont respectés en ce qui concerne les retraits. Le droit d'opposition du mari lui permet d'interdire les remboursements à sa femme, de révoquer à cet égard le mandat qu'il est supposé lui avoir accordé.

Mais le mari ne peut faire aucune opposition aux dépôts de l'épouse ; il ne saurait défendre valablement aux caisses d'épargne de recevoir les sommes que sa femme leur apporte. Nulle part, dans les délibérations qui ont précédé l'adoption de la loi, on n'a donné cette extension à la faculté d'opposition maritale. Le texte de la loi l'écarte également. Il ne parle de l'opposition qu'au regard des retraits de l'épouse : « Les femmes mariées, porte l'article 6... seront admises à se faire ouvrir des livrets...; elles pourront retirer... sauf opposition de la part de leurs maris. »

Aussi, en fait, après l'opposition du mari, les caisses d'épargne refusent-elles tout paiement à l'épouse, mais elles continuent à recevoir ses dépôts comme par le passé (1). Le mari est ainsi incapable de révoquer le mandat de déposer qu'il aurait conféré à sa femme. Il ne s'agit donc pas ici d'un simple mandat de cette dernière. L'épouse dépose en son nom personnel, non pas au nom du mari.

La loi de 1881 a véritablement réalisé une innovation, dérogé aux principes de l'article 1421 du code. Elle a reconnu à l'épouse le droit propre, absolu, de se faire ouvrir un compte à la caisse dépargne, de se faire remettre un livret, le droit de confier ses économie à la caisse sans l'autorisation de son mari et malgré sa volonté contraire.

Et on peut s'expliquer la distinction faite par la loi entre les versements et les retraits. Les deux situations sont très dissemblables. On sait que le droit Romain considérait comme valables les actes par lesquelles certains incapables s'enrichissaient, mais annulait ceux par lesquels ils s'appauvrissaient. Suivant des idées un peu analogues à celles du droit Romain, on laisse à l'épouse l'entière liberté de déposer. Il n'y a qu'avantages à favoriser son penchant pour l'épargne, à lui permettre d'opérer des placements sûrs. Mais on limite son pouvoir de retirer, car on peut craindre qu'elle ne se fasse remettre ses économies pour les gaspiller en dépenses inconsidérées. La loi autorise pleinement le dépôt qui ac-

(1) *Journal des Caisses d'épargne*, 1890, p. 235.

croît, en quelque sorte, le dépôt conjugal, et assurément ne l'amoindrit pas. Elle est plus restrictive à l'égard des remboursements qui peuvent appauvrir la famille.

Cependant le dépôt et le retrait sont des actes intimement liés. Le maintien des droits supérieurs du mari relativement au second de ces actes, restreint aussi la liberté de la femme relativement au premier. En interdisant aux caisses d'épargne de restituer aucune somme à l'épouse, le mari empêche cette dernière de tirer avantage des dépôts qu'elle effectue. Le droit de déposer de l'épouse, quelque absolu qu'il soit, se trouve paralysé dans ses résultats par l'opposition du mari. Qu'importera souvent à la femme de pouvoir porter son épargne à la caisse, si aussitôt après son mari la met dans l'impossibilité de reprendre le pécule laborieusement économisé ?

Indirectement ainsi le mari pourra porter atteinte à la faculté de l'épouse d'opérer des versements. Il ne peut cependant le faire directement. La femme n'est pas certaine de retirer les sommes qu'elle aura confiées à la caisse d'éporgne. Il reste pourtant qu'elle est libre de déposer sans que le mari puisse le lui défendre. En principe, son droit demeure indépendant de l'autorité maritale.

Or, on sait que dans les classes laborieuses le régime matrimonial ordinaire est la communauté légale. Par suite de l'absence d'immeubles dans la possession des époux, cette communauté comprend en fait tous leurs biens. Ce seront donc des deniers communs que la femme portera à la caisse d'épargne. L'épouse reçoit ainsi, depuis la loi de 1881, un pouvoir spécial d'administration sur le patrimoine commun. Dans une forme déterminée, et jusqu'à concurrence du maximum des dépôts possibles à la caisse d'épargne, elle participe au gouvernement de la communauté. Le droit d'opposition du mari aux retraits de la femme empêche sans doute cette dernière, au moins en théorie, de se réserver définitivement la gestion d'une portion des biens communs. Mais du moins elle peut momentanément et contre le gré du mari, règler à sa guise l'emploi d'une partie des ressources conjugales.

* * *

B. — Et les femmes se sont empressées d'exercer le droit que leur conférait la loi. Les statistiques officielles nous fournissent à cet égard des renseignements très précieux.

— *Les Rapports annuels sur les opérations des caisses d'épargne ordinaires* montrent, il est vrai, que beaucoup de femmes continuent à déposer dans les caisses privées, avec l'autorisation du mari, sans se prévaloir de la loi de 1881. Leur nombre diminue cependant, tandis que celui des femmes qui se font ouvrir un compte sans l'assistance maritale augmente.

En 1882, 35,803 livrets nouveaux avaient été remis à des femmes assistées de leurs maris, et 23,542 seulement à des femmes non autorisées. Les deux cinquièmes environ des comptes ouverts à des femmes mariées, n'avaient pas été soumis à l'intervention maritale.

En 1896 (1), après une progression continue, la proportion est renversée. Plus des trois cinquièmes des nouvelles clientes des caisses d'épargne ont usé du droit qu'elles tiennent de la loi de 1881. Elles ont été au nombre de 50,343, alors que 31,076 seulement ont agi avec le consentement de leur mari.

De 1882 à 1896, 606,393 livrets ont été remis à des femmes non autorisées de leurs mari. Et on doit reconnaître l'importance de ce chiffre.

— Mais c'est à la caisse postale surtout que, d'après les *Rapports sur les opérations de la Caisse Nationale d'épargne*, la proportion des femmes agissant sans l'autorisation maritale est considérable. Dès les premières années, en 1882, 1883, huit dixièmes des livrets nouveaux échappaient à toute intervention des maris. La proportion est devenue maintenant de neuf dixièmes. En 1895, 64,840 comptes étaient ouverts à des femmes agissant seules ; 53,072, en 1896, date du dernier rapport paru. Le nombre des femmes assistées de leurs maris tombait à 5,749 en 1895 ; à 4,598 en 1896.

Depuis la promulgation de la loi jusqu'en 1896, 678,668 déposantes à la Caisse nationale d'épargne

(1) Le rapport de cette année paraîtra prochainement. Il est sous presse. Je dois exprimer ici ma gratitude à M. Léonce Michon, chef de bureau au ministère du commerce, dont l'extrême obligeance m'a permis de connaître les résultats non encore publiés des lois sur les caisses d'épargne.

ont tiré profit des faveurs de la loi de 1881 ; 85,591 seulement ont continué à demander l'autorisation du mari.

—Que l'on rapproche maintenant les chiffres indiqués par les deux catégories de rapports. Jusqu'en 1896, près d'un million trois cent mille femmes mariées (exactement 1,285,061) se sont prévalu du droit que leur accordait la loi de 1881. Or, maintenant chaque année, tant dans la caisse postale que dans les caisses privées, plus d'une centaine de milliers de livrets nouveaux sont remis à des femmes, non autorisées de leurs maris. On peut ainsi affirmer, sans crainte d'exagération qu'à la fin de l'année 1897, environ un million quatre cent mille femmes mariées ont invoqué le bénéfice de la loi de 1881. A la fin de l'année 1898 leur nombre aura atteint un million et demi.

Les résultats obtenus par les lois sur les Caisses d'Epargne, en notre matière, ont donc été extrêmement considérables. Et on peut difficilement parler de l'inutilité pratique de la disposition relative à l'épouse. Auparavant, on l'a vu, le premier versement de la femme n'était accepté qu'avec l'autorisation du mari. Par une tolérance seulement des Caisses d'Epargne, l'épouse arrivait parfois en ne « déclarant pas être en puissance de mari » à se faire remettre un livret sans le concours du mari. Mais la différence est grande entre cette pratique, du reste légalement contestable, et la situation actuelle.

L'affluence des femmes mariées à la Caisse d'Epargne, agissant indépendamment de leurs maris, dépasse, semble-t-il, toutes les prévisions. Le nombre de mariages annuels, n'excède pas en moyenne 300,000 (1). Celui des comptes ouverts sans l'autorisation maritale est supérieur à 100,000. Sans qu'aucune proportion rigoureuse puisse s'établir entre ces deux ordres de chiffres, leur comparaison est cependant instructive. Une portion notable des épouses de France profitent de la faveur que leur confère la loi de 1881.

Mais si les dépôts sont nombreux, le droit d'opposition du mari semble devoir empêcher les femmes de bénéficier véritablement des avantages de la loi. C'est ce droit d'opposition du mari que je dois examiner maintenant pour rechercher ce qu'il est devenu dans la réalité. Après l'étude des versements de l'épouse, je passe à l'étude de ses retraits.

II

Les retraits de la femme mariée. — Le droit d'opposition marital.

Formes des oppositions. Leur faible nombre.

La théorie du mandat sur laquelle repose, d'après les travaux préparatoires et la doctrine, la disposition de la loi de 1881 qui a trait à l'épouse, paraît recevoir une application exacte dans la matière des

(1) Cf. les « *Annuaires statistiques* » ou les « *Statistiques annuelles* » de la France.

retraits de la femme. Le pouvoir de cette dernière, de se faire restituer les sommes inscrites à son nom, subsiste seulement tant que dure la tolérance du mari. Mais ce pouvoir disparaît lorsque le mari manifeste une volonté contraire. Par son droit d'opposition celui-ci peut prohiber tout retrait de l'épouse, révoquer le mandat que tacitement il lui a confié.

L'économie de la loi serait donc ici vraiment conforme aux principes du mandat. Toutefois certaines lacunes dans la loi, certaines paroles imprécises prononcées au Sénat, en ce qui concerne à la fois les formes et les effets de l'opposition, vont permettre la constitution, sur ces deux points, d'une pratique contraire à l'esprit et à la portée primitive de la loi.

***

En ce qui concerne les formes de l'opposition d'abord, la loi restait muette. Il semblerait d'après les règles du mandat que le mari pût faire connaître, par des moyens quelconques, sa volonté formelle à la Caisse d'Epargne. On admet que le mari révoque le mandat donné à l'épouse de se procurer les fournitures nécessaires au ménage, par des notifications individuelles faites aux fournisseurs, sous quelque forme que ce soit. On se contente même d'un simple avis inséré dans les journaux, s'il est manifeste que ceux qui ont traité avec la femme en ont eu connaissance. Ne devrait-il pas en être de même ici ? Peut être pouvait-on écarter les déclarations verbales, manifestation fugitive des intentions du mari, dont il ne reste pas de traces. Mais tout avis écrit, une simple lettre, par exemple, devait suffire.

La difficulté provint du terme d' « opposition » employé par la loi. Il ne parait pas pourtant que l'on dût attribuer à ce terme sa signification légale, l'assimiler à l'opposition formée par un créancier entre les mains d'un débiteur, tiers saisi. Le mari qui fait opposition n'agit pas comme créancier de la femme, mais en sa qualité de mari, de chef de la communauté, de propriétaire des deniers déposés. On ne saurait lui imposer les formes prescrites par le Code de Procédure Civile pour les oppositions proprement dites, l'obliger à recourir à un acte d'huissier. Comment pourrait-il être question d'une véritable opposition du mari sur une créance qui est en réalité la sienne propre ? On n'effectue pas une saisie sur soi-même. L'opposition du mari est une simple notification. Et la loi elle-même ne parle pas de « l'opposition » du mari ; elle décide seulement que l'épouse est apte à retirer « sauf opposition », c'est-à-dire, sauf volonté contraire du mari.

Cependant, pouvait-on répondre, le mot d'opposition a dans le vocabulaire juridique une acception déterminée. En se servant de ce mot, la loi n'a-t-elle pas entendu se référer à ce sens généralement connu ? Le doute était possible.

La pratique se décida promptement et nettement pour la seconde opinion. Elle jugea insuffisante une sommation ordinaire même par écrit, même par lettre recommandée, même faite sur papier timbré. Elle exigea une véritable opposition signifiée dans la forme des actes extrajudiciaires. Ce devint là, une règle constante dans les caisses d'épargne (1). Aucune décision judiciaire, semble-t-il, ne critiqua cette pratique.

Il convient de remarquer la déformation que subissaient de ce fait les principes de la communauté. Le mari n'apparait plus comme le réel propriétaire des sommes versées à la caisse d'épargne. Les caisses ne connaissent que l'épouse, titulaire du livret. Elles ne sont entrées en relations qu'avec elle. Le mari est un étranger. Il est assimilé à un créancier qui essaie de se faire indemniser, en obtenant l'attribution de deniers qui jusque là ne lui appartenaient pas. Une portion de la communauté échappe ainsi à la disposition immédiate du mari, constitue un pécule inscrit au nom de l'épouse, soumis normalement à la seule administration de cette dernière. Ce pécule est un peu en dehors du restant du patrimoine commun, comme partiellement séparé de la communauté ; il obéit à des règles différentes. Le mari ne peut s'en emparer qu'après des formalités déterminées, et comme s'il s'agissait non pas de biens dont il est le maître, mais de bien d'un tiers.

Or j'ai déjà montré que le pouvoir de la femme

(1) Rapport sur les opérations des Caisses d'épargne ordinaires, année 1887, p. LXIX ; *Journal des Caisses d'épargne*, 1890, p. 312.

d'effectuer des versements à la caisse d'épargne est un pouvoir propre, que le mari est impuissant à supprimer. Il ne dépend que de l'épouse ainsi de prendre dans le patrimoine commun, les sommes nécessaires pour se créer ce pécule un peu étranger à la communauté dont elle a seule, la gestion. Le droit de déposer que la femme tient de la loi de 1881 se renforce par cette règle des oppositions soumises aux formes des actes extrajudiciaires. La dérogation à l'article 1421, apparait plus considérable.

— Mais c'est dans la pratique surtout que les formes imposées au mari eurent de l'importance pour l'épouse. Bien des maris qui auraient fait opposition par un simple avis écrit ont du être arrêtés par la nécessité d'un acte d'huissier. Dans les classes laborieuses notamment, on hésite devant les formalités d'une intervention d'huissier et les frais qu'elle entraine. Ces difficultés qui sans doute sont loin d'être insurmontables, deviennent dans la réalité une entrave vraiment sérieuse aux oppositions de maris, peu sûrs de leurs droits, encore irrésolus sur la décision définitive, et occupés tout le jour à leur travail.

D'autre part une opinion qui semble prévaloir dans les caisses d'épargne interdit de revéler au mari le dépôt de sa femme. La caisse est tenue au secret aussi bien à l'égard du mari qu'à l'égard d'un tiers quelconque (1).

— Ces deux pratiques des caisses, jointes à l'igno-

(1) *Journal des Caisses d'épargne*, 1884, p. 205 ; 1883, p. 146 et 173.

rance juridique des maris, expliquent peut être la rareté des oppositions maritales signifiées aux caisses d'épargne.

Leur nombre, infime, on le comprend, dans les premières années qui ont suivi la mise en vigueur de la loi, demeure encore très faible. On se rappelle qu'à la Caisse Nationale d'épargne, et dans les caisses privées, le chiffre total des comptes ouverts à des femmes mariées non autorisées de leurs maris dépasse annuellement 100.000. Le chiffre des oppositions, avant la promulgation de la loi de 1895 dont je parlerai plus loin, reste inférieur à 90. De 1891 à 1894, par exemple, le nombre des oppositions à la caisse postale a été successivement de 23, 32, 36, 47, et dans les caisses privées de 42, 39, 44, 38 ; on arrive ainsi pour ces quatre années à des totaux de 65, 71, 80, 85.

De 1882 à 1894, dans les caisses ordinaires, pour lesquelles les renseignements fournis par les rapports sont plus étendus, 385 oppositions ont été signifiées par des maris. La moyenne est de 30 oppositions par an, de 1 opposition par 1313 comptes.

— Pour obtenir des proportions qui donnent une fidèle impression de la réalité, il faudrait pouvoir comparer le nombre des oppositions annuelles et celui des femmes demeurées les clientes des caisses d'épargne à telle année déterminée. En 1894, le chiffre des comptes ouverts à des épouses non autorisées, depuis 1882, est supérieur à un million ; les statistiques n'indiquent pas combien de ces comptes ont été soldés, de sorte que leurs titulaires ont cessé d'être en rapports avec les caisses d'épargne. Il est vraisemblable, néanmoins, qu'une grande portion des comptes ouverts depuis 1882, sont encore des comptes existants. On trouverait ainsi une moyenne d'un mari formant, chaque année, opposition, sur un nombre extrêmement considérable, sur plusieurs milliers de maris qui auraient qualité pour en faire.

Relativement à la foule des femmes mariées titulaires de livrets de caisses d'épargne, relativement à la grande masse des comptes nouveaux ouverts tous les ans, le chiffre des oppositions apparaît donc minime, et négligeable. Au lieu de compter par centaines de mille, d'atteindre et de dépasser le million, on ne parvient même pas annuellement à une centaine. La règle générale, presque universelle, est la libre administration par l'épouse, du pécule que lui constituent ses dépôts à la caisse d'épargne. L'opposition, qui devait être un procédé d'usage constant, le procédé régulier des maris hostiles à la gestion de leurs femmes, a pris, par suite des difficultés dont on l'a entourée, le caractère d'un phénomène exceptionnel, contraire aux habitudes ordinaires, presque anormal.

— A cause de la rareté des oppositions, on a pu, dans les Rapports sur les caisses d'épargne ordinaires, indiquer dans la plupart des cas, les circonstances de fait qui accompagnent l'opposition.

Une observation générale, sans cesse répétée dans les rapports, constate que les époux en conflit à l'occasion de l'opposition, appartiennent le plus souvent aux classes laborieuses. Cette information est à noter. Elle montre bien, à défaut de statistiques certaines, que la disposition de la loi de 1881, relative à l'épouse, trouve son application principale, ainsi qu'on pouvait le présumer, dans la population peu fortunée.

Les motifs qui poussent les maris à réclamer les dépôts de leurs femmes ne sont pas fréquemment honorables de leur part.

Parfois, il est vrai, le mari allègue « l'inconduite notoire de sa femme » (1). Mais cette hypothèse se rencontre rarement.

Plus souvent l'opposition a lieu à raison de l'abandon par l'épouse du domicile conjugal (2). Elle semble ainsi fondée sur un acte blâmable de la femme. Mais ce que la désertion par l'épouse de la maison commune a de répréhensible, se trouve singulièrement atténué par cette circonstance que mentionnent les rapports : « Le plus souvent cet abandon a été occasionné par des griefs sérieux imputables au mari » (3). Un autre rapport parle de « l'abandon... même justifié par les torts du mari » (4).

Mais c'est plus franchement encore que d'ordinaire l'opposition du mari paraît condamnable :

Le mari « cherchait parfois ainsi, déclare un rap-

(1) Rapport sur les opérations des Caisses d'épargne ordinaires, année 1890, p. LXIII.

(2) Rapport, année 1888, p. LXIV ; années 1890, 1893, etc.

(3) Rapport, 1890, p. LXIII

(4) Rapport de 1896.

port, à s'emparer, pour les dissiper, des économies destinées à l'entretien du ménage et des enfants, et réalisées par la femme sur son travail personnel, ou sur les produits d'un commerce qui lui était propre » (1).

Très fréquemment, le mari vit séparé de fait de l'épouse, et ne donne signe de son existence que pour mettre la main sur les épargnes nécessaires à la famille. Dans une hypothèse sur laquelle les tribunaux eurent à statuer, le mari agit ainsi après avoir abandonné sa femme pendant vingt ans, aux cours desquels il avait mené une vie vagabonde en France et en Amérique (2). Dans une autre espèce portée aussi devant la justice, le mari avait également vécu pendant vingt ans séparé de fait de sa femme (3).

« Un mari dont l'inconduite était notoire, lit-on dans un rapport, ayant été pourvu d'un conseil judiciaire à la requête de sa femme, s'empressa de former opposition au remboursement des fonds que celle-ci avait versés sans assistance. Un autre avait pris une semblable mesure avant d'abandonner sa femme » (4).

« Une opposition a été faite, par un mari en état de démence alcoolique, et une autre par un mari

(1) Rapport, 1887, p. LXIX.

(2) *Journal des Caisses d'épargne*, 1886, p. 190.

(3) Rapport, 1893 ; *Journal des Caisses d'épargne*, 1894 p. 176.

(4) Rapport, 1888, p. LXIV.

dans un moment de surexcitation produite par la maladie » (1).

Et en général, les rapports indiquent que le nombre de maris faisant opposition, et titulaires eux-mêmes d'un livret d'épargne, est en minorité (2).

Il semble résulter de ces observations que non seulement les oppositions sont rares, mais encore que quand elles se produisent, elles constituent fréquemment de véritables abus de la part des maris. L'opposition n'a pas, d'ordinaire, pour but, dans la pratique, de révoquer le mandat confié à une épouse, qui se montre inexpérimentée ou imprudente. Elle est beaucoup plutôt un moyen pour le mari, de se saisir, dans un intérêt personnel et exclusif, des économies indispensables à l'entretien de la famille. L'opposition devait faire supposer que l'épouse avait trompé la confiance du mari. Dans la réalité elle prouve plus souvent l'indignité de ce dernier.

Heureusement le mari n'atteindra pas en général le but qu'il s'était proposé. Aux difficultés dans les formes de l'opposition, s'ajouteront des difficultés beaucoup plus sérieuses qui l'empêcheront d'obtenir satisfaction. L'examen des effets de l'opposition va nous le montrer.

(1) Rapport, 1890, p. LXIII.
(2) Rapport, 1886, p. LXV ; 1891, p. LXIII ; etc.

III

Les effets de l'opposition et les principes du mandat.

Les entraves apportées au droit d'opposition du mari. — Nombre minime des remboursements effectués au mari seul.

C'est dans la matière des effets de l'opposition que la plus profonde atteinte est portée en pratique, à la théorie du mandat.

Selon les règles du mandat, selon les principes de la communauté, le droit de retirer de l'épouse, dû a la simple tolérance du mari, disparait quand cesse la volonté conforme de ce dernier. L'opposition devrait substituer immédiatement, dans les rapports avec la caisse d'épargne, le mari à la femme. Pour obtenir le remboursement du montant du livret, le mari n'aurait qu'à établir sa qualité de propriétaire des deniers déposés, comme chef de la communauté ou comme usufruitier de la fortune de l'épouse. Aucune autre exigence ne pourrait être manifestée par les administrateurs des caisses d'épargne.

— Cependant les débats qui ont précédé le vote de la loi de 1881 laissent quelques doutes à cet égard. Les orateurs partisans de la disposition favorable à l'épouse ont assurément invoqué les principes du mandat. Ils ont fait écarter l'amendement proposé par M. Bozérian, qui donnait pouvoir au juge de paix de statuer sur les conflits entre époux. Ils ont semblé reconnaître ainsi que le mari devait triompher dans sa réclamation sans avoir à recourir à la justice. Mais en même temps ils ont paru croire à la nécessité d'une décision judiciaire. M. Denormandie disait dans son discours : « S'il y a conflit,... on ne peut que les renvoyer au droit commun, et à l'intervention des tribunaux ». Et plus loin : « Dans ce cas, c'est-à-dire dans ce cas de conflit, les époux iront devant les tribunaux de droit commun (1). »

Une certaine contradiction apparaît donc dans la pensée du législateur. On pouvait soutenir que l'insuccès de l'amendement de M. Bozérian implique uniquement le rejet d'une intervention judiciaire capable de refuser les sommes déposées au mari, capable de déroger à l'article 1421. Mais on n'aurait nullement songé à dispenser le mari d'un recours aux tribunaux du droit commun pour faire décider, non pas contrairement à l'article 1421, mais conformément à cet article, qu'il a bien qualité comme mari et comme chef de la communauté, à se faire remettre les deniers versés par l'épouse à la caisse d'épargne.

Cette nécessité d'un jugement ne se concilie pas bien, il est vrai, avec les pouvoirs absolus du mari, maître du patrimoine commun. Il est incompatible avec les droits du mari de l'obliger à une action judiciaire pour obtenir des sommes qui en réalité lui appartiennent. Mais peut-être les rédacteurs de la loi n'ont-ils pas eu une notion exacte des principes du mandat et de la communauté. On a vu déjà que la faculté de déposer de l'épouse ne repose pas en réalité sur

(1) *Journal Officiel* du 29 mars 1881.

une idée de mandat. Il est possible qu'en ce qui concerne le retrait également, on n'ait pas entendu obéir fidèlement aux principes admis. La théorie du mandat devait seulement expliquer le sens général de la disposition relative à l'épouse, en même temps qu'elle était un argument puissant contre les adversaires de la réforme.

— Les préférences des caisses d'épargne devaient aller vers le système qui refuse tout paiement au mari jusqu'à ce qu'il ait obtenu une décision de justice. Les difficultés des preuves qui incombent au mari en cette matière sont en effet considérables, et les caisses risquaient en cas d'erreur de payer une seconde fois.

Le mari a d'abord à justifier de son identité et de sa qualité de mari. Il doit présenter une expédition de son contrat de mariage pour établir qu'il ne s'est pas soumis au régime de la séparation de bien, et qu'il a pouvoir pour reprendre les fonds versés par l'épouse. S'il est marié sans contrat, il pourra apporter une copie de l'acte de mariage qui depuis la loi du 10 juillet 1850 mentionne, sur interpellation de l'officier de l'état civil, qu'aucun contrat n'a été fait. Ces preuves déjà compliquées demeurent cependant insuffisantes. Depuis le mariage un divorce est peut-être intervenu entre les époux, ou une séparation de corps, ou une séparation de biens. Comment établir que ces événements ne se sont pas produits, comment administrer des preuves négatives ? Pour le divorce, il est vrai, la loi exige la transcription du jugement prononçant le divorce sur le registre de l'état civil, et une mention de ce jugement en marge de l'acte de mariage (1). L'absence d'une telle mention dans la copie de l'acte de mariage démontrera l'inexistence d'un divorce. Mais il reste toujours à justifier de l'inexistence d'une séparation de corps ou de biens. N'y a-t-il pas là tout un réseau de questions délicates sur lesquelles les tribunaux seuls peuvent statuer avec une compétence suffisante (2) ?

— D'autre part, d'après la pratique antérieure à la loi de 1881, les caisses d'épargne ne restituaient qu'aux deux époux, non pas au mari seul, les sommes déposées par la femme avec l'autorisation du mari. Cette pratique se maintient après la loi de 1881 pour les économies des femmes qui continuent à n'agir qu'avec l'assistance maritale. Le décret du 31 août 1881 (3) reproduit à cet égard les prescriptions de l'ancienne instruction ministérielle de 1857. Il y avait ainsi une raison *a fortiori* pour les caisses de ne pas remettre au mari, sur sa simple sommation, les dépôts effectués sans son consentement. Autrement, on rembourserait plus aisément au mari d'une femme qui s'est prévalue de la faveur de la loi de 1881, qu'à celui d'une femme qui s'est soumise aux principes rigoureux du Code civil (4).

— Mais la conduite des caisses d'épargne a été moti-

(1) Art. 252 nouveau du C. civ.
(2) *Journal des Caisses d'épargne*, 1890, p. 309.
(3) Article 20.
(4) *Journal des Caisses d'épargne*, 1892, p. 212.

vée principalement par le terme d'opposition, dont se sert la loi, ainsi que par l'ensemble du texte relatif à l'épouse. Déjà, en ce qui concerne les formes de l'opposition, elles avaient attribué à ce mot sa signification légale. De même ici elles assimilent les effets de l'opposition maritale à ceux de l'opposition d'un créancier, prévue et règlementée par le code de procédure civile. La caisse d'épargne déclare sa situation, semblable à celle d'un débiteur tiers saisi. Elle ne peut désormais, sans engager sa responsabilité, rendre à la femme les sommes déposées. Mais elle ne saurait non plus les remettre au mari, sur sa seule quittance. L'opposition immobilise le dépôt de l'épouse.

En agissant ainsi, les caisses demeurent strictement fidèles à la lettre de la loi de 1881. La disposition finale de l'art. 6 déclare en effet que les femmes mariées « pourront retirer sans cette assistance (du mari), les sommes inscrites aux livrets ainsi ouverts, sauf opposition de la part du mari. » Avant toute opposition, la femme retire librement ses dépôts. Lorsqu'une opposition survient, le droit de l'épouse disparaît. Suspendre tout paiement à cette dernière, voilà seulement ce que la loi ordonne à la caisse d'épargne. A cela se limite l'effet de l'opposition. Le texte ne décide rien de plus. Il apporte une restriction au pouvoir de la femme. Il ne parle pas en outre d'un remboursement au mari. Si celui-ci, cependant, se prétend propriétaire des fonds versés, il doit s'adresser aux tribunaux. Un autre fait pourra intervenir alors, s'ajoutant à l'opposition : une décision en faveur du mari, à laquelle la caisse obéira.

Mais on voit combien on s'éloigne ainsi des principes du mandat. Les administrateurs des caisses d'épargne ne considèrent nullement l'épouse, comme la simple mandataire du mari, de telle sorte que celui-ci peut, quand il le désire, prendre la place de sa femme dans les relations avec la caisse. L'épouse dépose et retire en son propre nom. Une limitation seulement est apportée à son droit de retirer qui n'est pas absolu. L'opposition n'a pas d'autre portée. Elle n'est pas le procédé mis à la disposition du mari pour révoquer le mandat qu'il aurait accordé à sa femme.

— La pratique des caisses d'épargne s'appuyait sur les travaux préparatoires, le texte de la loi, et aussi sur des difficultés de fait. On pouvait leur opposer les règles du mandat constamment invoquées au cours de la discussion qui précéda la loi. Quelle fut l'opinion de la jurisprudence ?

Assurément les tribunaux devaient ordonner le remboursement au mari, lorsque le régime sous lequel il était marié le décidait ainsi. Aucun doute à cet égard n'était possible. La loi de 1881 ne déroge certes pas sur ce point aux principes du mandat. Mais les tribunaux ont-ils approuvé l'attitude des caisses d'épargne qui se déclaraient assimilées à des tiers saisis ? ont-ils reconnu légitime leur prétention de se refuser à tout paiement au mari jusqu'au jugement ? Ou ont-ils considéré qu'en agissant ainsi, elles obligeaient le mari à une procédure inutile dont elles devaient supporter les frais ? Ont-ils condamné le mari ou la caisse aux dépens ? Là était toute la question.

En ce qui concerne les caisses d'épargne privées, j'ai pu trouver neuf jugements sur la matière, grâce aux rapports ministériels et au journal des caisses d'épargne.

Deux ou peut-être trois de ces jugements sont contraires à la pratique des caisses d'épargne. Ils s'appuient sur la théorie du mandat tacite, et sur la volonté souvent exprimée par le législateur de 1881 de ne pas déroger aux règles de droit commun :

« Attendu, prononce un jugement du tribunal de Libourne du 13 juillet 1886, que la disposition législative qui autorise les femmes mariées... à faire des dépôts de fonds aux différentes caisses d'épargne... est... basée en droit sur le mandat tacite que ces incapables sont censés avoir reçu de leurs représentants légaux.

Que lors donc que la loi du 7 avril 1881, dans la partie finale du § 6... ajoute : « sauf opposition de la part du mari, » elle entend seulement dire que l'intervention du mandant, constituant une révocation du mandat présumé, les règles de droit commun redeviennent seules applicables.

Qu'un amendement avait été en effet proposé au Sénat, tendant à faire intervenir l'autorité judiciaire en cas de désaccord entre les époux. Mais que cet amendement a été repoussé, et que l'interprétation donnée par la caisse à ce mot « opposition » le fait revivre... » (1).

« Attendu, statue de même le tribunal de Louviers, à la date du 5 mars 1892, qu'il est hors de doute que cette loi ne porte aucune atteinte au principe de la puissance maritale, et que tout homme marié sous le régime de la communauté réduite aux acquets.. peut.. toucher sans le consentement de sa femme... toutes créances tombant dans la communauté.

Attendu que la caisse d'épargne... en refusant de remettre la somme... sans une autorisation de justice a entraîné le demandeur dans une procédure inutile dont les frais doivent rester à sa charge, car rien dans la loi n'autorisait la caisse d'épargne à exiger du demandeur cette permission de justice.., condamne la caisse aux dépens. » (2)

Les considérants d'une décision du tribunal de Boulogne du 15 décembre 1893 (3) énoncent des arguments analogues. Mais l'espèce portée devant ce tribunal paraît concerner des versements d'une femme autorisée de son mari ; cette espèce serait donc en réalité étrangère à la matière que j'examine présentement.

Mais les six autres jugements ont donné raison à la caisse d'épargne qui se prétendait tiers saisi, et ont condamné le mari a supporter les frais de l'instance.

(1) *Journal des Caisses d'épargne*, 1886, p. 190, avec une note de la rédaction du journal.

(2) *Journal des Caisses d'épargne*, 1892, p. 200.

(3) *Journal des Caisses d'épargne*, 1894, p. 29 avec une longue note.

« Attendu toutefois, a déclaré le tribunal de Lons-le-Saunier, le 1er juin 1891, que c'est à bon droit que la defenderesse (la caisse d'épargne) tout en s'en rapportant à la justice, n'a pas cru pouvoir remettre au demandeur, sur sa seule décharge, le montant d'un livret dont il n'est pas titulaire, qu'elle n'a pas qualité pour juger du plus ou moins de fondements des prétentions du demandeur. » (1)

« Attendu, décide de même un jugement du tribubunal de Beauvais du 21 avril 1894, que les administrateurs de la caisse d'épargne .... qui n'ont pas cru avoir qualité pour apprécier les prétentions du demandeur et pour lui remettre le montant d'un livret dont il n'était ni le titu'aire ni le détenteur s'en rapportent dans leurs conclusions à la justice...

.... Dit que les administrateurs seront tenus de verser... sous la déduction toutefois des frais faits au nom des administrateurs à l'occasion de la présente instance (2). »

Et les jugements du tribunal d'Epinal du 6 février 1890 (3), du tribunal de Romorantin, du 13 juin 1891 (4), du tribunal de la Seine du 8 février 1891 (5), du tribunal d'Avignon du 2 juin 1892 (6), se prononcent dans le même sens.

Les Rapports sur les caisses d'épargne ont pu par suite

(1) *Journal des Caisses d'épargne*, 1891, p. 249.
(2) *Journal des Caisses d'épargne*, 1894, p. 176.
(3) *Journal des Caisses d'épargne*, 1891, p. 401.
(4) *Journal des Caisses d'épargne*, 1891, p. 294.
(5) *Journal des Caisses d'épargne*, 1892, p. 214.
(6) *Journal des Caisses d'épargne*, 1893, p. 285.

déclarer que la pratique des caisses est approuvée par une « jurisprudence à peu près constante (1). »

— Quels sont les résultats de cette conduite permanente des caisses d'épargne, que trouvent bien fondée la plupart des jugements ? Que subsiste-t-il du droit théorique du mari de révoquer le mandat qu'il aurait conféré à sa femme ?

L'opposition a assurément pour effet certain de restreindre le pouvoir de l'épouse. Dès qu'une opposition est signifiée à la caisse d'épargne, celle-ci cesse tout remboursement à la femme. Le droit supérieur du mari demeure efficace à cet égard. Relativement à l'action de l'épouse, à sa liberté de retirer, la révocation du mandat est aisée au mari.

Sur ce point même, l'opposition produit un effet trop général. Un mari séparé de biens n'a pas qualité pour interdire les retraits de sa femme. Les opérations de cette dernière avec la caisse d'épargne rentrent dans les actes d'administration que la loi l'autorise à accomplir sans l'autorisation maritale. L'opposition du mari aura cependant pour conséquence dans ce cas, d'immobiliser les dépôts de l'épouse. Celle-ci se verra refuser leur restitution par les caisses qui se défendent tout examen du régime matrimonial, toute appréciation des pouvoirs respectifs des époux. Pour les caisses d'épargne, l'opposition n'a qu'un effet, mais elle l'a toujours sans distinction de régime : elle entraîne suspension de paiement

(1) Rapport sur les opérations des Caisses d'épargne ordinaires, 1891, p. LXIII.

jusqu'à ce qu'il soit intervenu une décision judiciaire. L'interprétation de la loi par les caisses d'épargne favorable en général à l'épouse, lui est ici défavorable. La femme devra recourir à un jugement.

Le mari parvient donc à empêcher les retraits de l'épouse. L'opposition lui est une arme défensive utile contre la femme. Mais est-elle en même temps une arme protectrice du pouvoir marital ? L'époux réussit-il à obtenir lui-même le remboursement, lorsque le régime sous lequel il est marié lui en donne le droit ? Ce serait seulement dans cette seconde hypothèse, que la théorie du mandat s'appliquerait intégralement. Ce serait alors que le mari aurait vraiment le moyen de révoquer à son gré le mandat de la femme.

Mais précisément, la pratique des caisses d'épargne entrave l'action du mari. Pour se faire remettre les sommes déposées par l'épouse, le mari doit s'adresser aux tribunaux, affronter les formalités et les longueurs de l'intervention judiciaire, et s'attendre, selon la jurisprudence la plus générale, à payer tous les dépens. L'hésitation de la plupart des maris devant une procédure lente et coûteuse, est facile à prévoir. Ils ne se décideront pas volontiers à des dépenses souvent fort considérables, relativement au montant des dépôts. Ils craindront de perdre par les frais de l'instance, une grande partie du bénéfice qu'ils escomptaient, en cherchant à s'emparer des économies de l'épouse. Pour les dépôts de faible importance, principalement, le droit du mari demeure pratiquement dépourvu de sanction. Le mari ne s'engagera pas dans un procès dont les frais seront supérieurs au total des sommes inscrites au livret.

Aussi, arrive-t-il rarement que l'opposition soit suivie d'une action judiciaire. — Les époux se mettent d'accord. Le mari consent, par exemple, à la main-levée de l'opposition. — Ou encore le remboursement se fait aux deux conjoints, donnant ensemble acquit à la caisse. — Si les époux ne peuvent s'entendre, le mari ne s'adresse pas cependant aux tribunaux. Il se contente d'avoir prohibé les retraits de l'épouse : l'opposition ne reçoit pas de solution.

— Ce sont ces faits que prouvent amplement les rapports sur les opérations des caisses d'épargne ordinaires. Que l'on feuillette ces rapports : tous les ans on y trouvera le même renseignement : tous les ans on constatera l'extrême rareté, sinon l'absence de paiements au mari après une intervention de justice.

— Sur 385 oppositions qui de 1882 à 1894 ont été signifiées aux caisses privées, la plupart ont été suivies d'une main-levée ou d'un remboursement aux deux époux ; 115 en 1894 restaient sans solution.

En compulsant tous les rapports publiés sur ces treize années, en additionnant leurs chiffres, on arrive à ce nombre infime de *12 oppositions* qui, durant ce laps de temps, ont donné lieu à un jugement et à un remboursement entre les mains du mari seul. A l'occasion d'une treizième opposition, en outre, et sans que le rapport s'explique à ce sujet, le paiement au mari, contrairement à la pratique constante des caisses d'épargne, n'a pas été précédé d'un jugement (1).

— Les rapports sur la Caisse d'épargne postale ne fournissent aucune indication sur la solution que reçoivent les oppositions. Mais les renseignements particuliers que l'on a bien voulu me communiquer à la Direction de la Caisse sont conformes à ceux que nous donnent les rapports des caisses privées.

D'après les livres de l'agent comptable de la caisse dont le ressort comprend le département de la Seine et un bon nombre des autres départements, de 1882 à 1894, 4 oppositions seulement ont abouti à une remise des fonds du mari seul, après jugement.

A cause de l'importance exceptionnelle du département de la Seine en matière de dépôts à la caisse d'épargne, on peut penser qu'en doublant ce chiffre de 4, on obtient un nombre de paiement au mari, à la suite de jugements, qui ne doit pas être inférieur à la réalité.

— En résumé ainsi, sur plus d'un demi million de versements qui ont été effectués dans les caisses d'épargne ordinaires de .1882 à 1894, 13 seulement ont été remboursés au mari seul, un en moyenne par an. Et dans la caisse postale, le chiffre des paiements au mari semble être encore moindre. Alors que plus d'un million d'épouses ont bénéficié de la faveur de la loi de 1881, tant dans les caisses privées, qu'à la caisse Nationale, c'est à peine si *deux* maris

(1) Rapport... 1888, p. LXIV.

annuellement parviennent à exercer le droit supérieur que la loi a prétendu leur maintenir.

Par suite des obstacles accumulés par la pratique, le mari n'a donc pas en fait la liberté de dépouiller sa femme, de s'emparer des économies nécessaires à la subsistance de la famille. Où il laisse l'épouse retirer à sa guise le pécule déposé par elle ; ou s'il veut le retirer lui-même, il n'y parvient qu'avec son concours, après lui avoir donné peut être des promesses ou des garanties du bon emploi des sommes reprises. Une vingtaine de remboursements au mari seul, en l'espace de treize ans, un ou deux remboursements par an, constitue, relativement à la masse énorme, au million de comptes ouverts aux femmes mariées, un chiffre tellement mince qu'on peut presque en faire abstraction dans l'examen des résultats d'ensemble de la loi de 1881.

Lors de l'adoption de cette loi on a affirmé nettement l'intention de consacrer seulement un état de fait, sans déroger aux principes fondamentaux du Code. On a repoussé l'amendement Bozérian qui portait atteinte aux pouvoirs du mari. On a circonscrit le droit accordé à l'épouse dans des bornes étroites. Mais dans son application, la loi s'est transformée ; son caractère s'est modifié ; sa portée s'est élargie. La disposition relative à la femme, modeste et limitée, est devenue une réforme considérable, une innovation presque radicale. Les effets obtenus par la loi ne sont pas loin d'être identiques à ceux d'une loi qui aurait franchement écarté les anciennes règles du droit matrimonial. La situation réelle de l'épouse ne diffère pas sensiblement de celle qui lui aurait été faite, si la loi avait conféré à la femme le pouvoir propre, absolu, de faire des opérations avec les Caisses d'Epargne. M. Bozérian, en défendant son amendement, voulait empêcher que le mari ne pût, « au nom de son autorité maritale, mettre la main sur cette somme (l'épargne de l'épouse), la détourner, la dilapider au préjudice de sa femme et malgré elle (1) ». La pratique a réalisé en grande partie, ce que l'amendement de M. Bozérian se proposait de faire, et ce que la loi s'est refusée à accomplir. Elle n'a pas laissé les économies de l'épouse à la merci de la cupidité du mari.

IV

La théorie et la pratique.

Les dérogations aux principes du mandat.

On peut maintenant apercevoir d'ensemble les effets de la loi de 1881.

Pour les dépôts à la caisse d'épargne, le droit de la femme est absolu dans la loi elle-même. Aucune voie n'est ouverte au mari pour interdire à la caisse de recevoir à l'avenir les versements de l'épouse.

Seule la faculté de retirer de la femme est limitée

(1) *Journal Officiel* du 29 mars 1881.

par la loi. Dans la matière des retraits seulements est maintenu théoriquement l'idée du mandat. L'opposition est le procédé fourni au mari pour faire respecter ses pouvoirs de chef de la communauté ou d'administrateur du patrimoine de sa femme.

Mais la possibilité de faire opposition est entravée par les formes, un peu compliquées et couteuses de l'opposition, auxquelles les caisses d'épargne obligent le mari. Le chiffre des oppositions annuelles se trouve être ainsi très restreint.

En outre quelque peu nombreuses qu'elles soient, les oppositions n'aboutissent pas en général à un paiement entre les mains du mari seul. Par suite des difficultés auxquelles est subordonnée la reconnaissance du droit de l'époux contraint de recourir à un jugement, dont il supportera, d'après la jurisprudence la plus générale, tous les frais, les remboursements au mari sont tellement rares qu'ils sont pour ainsi dire inconnus dans la pratique. La règle presque universelle est la reprise par la femme des sommes qu'elle a déposées, comme si la loi elle-même avait formellement porté atteinte au pouvoir du mari.

Des deux actes dans lesquels se décomposent les rapports de l'épouse avec les caisses d'épargne, le premier, le dépôt, s'écarte en théorie même de toute idée de mandat ; le second, le retrait reste soumis à cette idée en principe, mais il y déroge en fait. Le mari est incapable d'empêcher les versements de sa femme, et il est pratiquement impuissant à en obtetenir lui-même le remboursement. Soit par suite des dispositions expresses de la loi, soit par suite de l'altération dans la réalité des prescriptions légales, l'épouse a un pouvoir en quelque sorte propre, indépendant de la volonté du mari d'accomplir, sous leurs aspects divers, des opérations avec des caisses d'épargne.

Mariée d'ordinaire sous le régime de la communauté, elle possède ainsi un droit d'administration de la communauté d'une nature particulière. Dans les limites du maximum des dépôts, elle peut gérer les deniers communs sous la forme d'un placement à la caisse d'épargne. La loi de 1881 par sa teneur même ou par ses résultats pratiques a mis la femme à la tête du gouvernement de la communauté à côté du mari.

CHAPITRE IX

La loi de 1895 sur les Caisses d'épargne.

I

Les travaux préparatoires de la loi.

La loi de 1881 fut au bout de quelques années, dans certaines de ses dispositions principales étrangères au droit de l'épouse, l'objet de vives critiques qui devaient amener son remplacement par une loi nouvelle.

A l'occasion de la préparation de cette loi, les administrateurs des Caisses d'épargne exprimèrent le vœu que la pratique suivie au sujet des opérations de l'épouse reçut la consécration législative. Quelques tribunaux, en effet, on l'a vu, avaient désapprouvé l'attitude passive des caisses à l'égard des oppositions maritales, et les avaient condamnées aux dépens de l'instance judiciaire, à laquelle elles avaient entraîné le mari. Il était désirable que la loi supprimât la diversité de la jurisprudence en cette matière.

Le Congrès des Caisses d'épargne avait déjà manifesté en 1886 le désir que la législation réglât de manière précise la forme et les effets de l'opposition. Au Congrès de 1890, un article de loi fut rédigé en ce sens. On demandait au Parlement de décider, premièrement que l'opposition ne se ferait que dans la forme des actes extrajudiciaires, et en second lieu qu'elle aurait à l'égard de la caisse d'épargne les effets de l'opposition prévue et réglementée au Code de procédure civile, de telle sorte que la Caisse considérée comme tiers saisi ne devrait payer au mari qu'après une décision de justice (1).

Le projet de loi déposé par *M. Jules Roche*, au nom du gouvernement, donna satisfaction aux vœux unanimes des caisses d'épargne. A l'ancien texte relatif à l'épouse fut ajoutée une disposition qui déterminait la forme et les effets de l'opposition, selon la pratique universellement suivie par les caisses d'épargne (2). C'était la reconnaissance législative d'un état de fait favorable à la femme et dérogatoire dans ses conséquences au pouvoir du mari. La loi elle-même, sans contestations possibles et sans hésitation de la part de la jurisprudence, aurait entouré les oppositions maritales d'un ensemble de formalités qui devait réduire leur nombre et entraver leur succès.

La commission de la Chambre des députés approuva cette innovation du projet gouvernemental (3), qui

(1) *Journal des Caisses d'épargne*, 1890, p. 364 ; Cf. aussi *journal*... 1888, p. 193 et s...

(2) *Journal Officiel*, Doc. Parl., Chambre, 1890, p. 859.

(3) *Journal Officiel*, Doc. Parl., Chambre, 1891, p. 1343.

fut adoptée par la Chambre en première délibération le 9 juin 1892 (1).

Mais à la seconde délibération, le texte du projet ayant trait à la femme, subit une notable modification. Ce texte, en effet, avait maintenu le droit d'opposition du mari et l'avait seulement réglementé. L'épouse ne pouvait opérer des retraits à la caisse d'épargne que sauf « opposition de la part du mari ». On demanda à la Chambre la suppression de ces derniers mots.

« Il peut y avoir des cas, déclara trop brièvement M. *Lavy*, et ils sont malheureusement assez nombreux, dans lesquels il est très intéressant de permettre à la femme de verser à la caisse d'épargne un argent qu'elle soustrait à des dépenses funestes pour le ménage et qui sera utilisé dans son intérêt..... Je crois qu'en prévision de pareils accidents, il est bon de permettre à la femme de retirer les versements qu'elle a faits. »

La commission accepta l'amendement de MM. Lavy et Gamard ; il fut admis par la Chambre, sans contestation, dans la séance du 11 mars 1893 (2). Et comme conséquence, les termes concernant l'épouse furent effacés de l'article suivant qui réglait la forme et les effets de l'opposition.

Il est difficile de présumer quelle interprétation aurait été donnée par la pratique et la doctrine au

(1) *Journal Officiel* du 10 juin, p. 757.
(2) *Journal Officiel* du 12, p. 932.

texte voté par la Chambre, s'il était devenu une disposition légale.

On eût pu prétendre encore qu'en l'absence d'un texte écartant le droit supérieur du mari, en l'absence même d'explications claires à la Chambre manifestant nettement une pareille intention, le pouvoir du mari subsistait. De même que la faculté de former opposition n'était pas refusée au créancier par le fait du silence à cet égard de la loi sur les caisses d'épargne, de même aurait persisté le droit du mari de se faire remettre les sommes déposées par l'épouse, dont il est le propriétaire d'après les principes généraux. Ce fut cette opinion qu'exprima, par exemple, le rapporteur de la commission du Sénat, M. Denormandie (1).

Mais on eut pu légitimement aussi attribuer au vote de la Chambre une portée plus considérable. Pourquoi la Chambre aurait-elle supprimé les termes : « sauf opposition de leurs maris », sinon pour déroger aux règles du droit matrimonial et refuser à l'époux toute faculté de former opposition ? On voit alors l'importance qu'aurait eue le nouveau texte. On ne se bornait plus à consacrer un état de choses qui rendait difficile au mari l'exercice de son droit. On lui retirait entièrement ce droit. Cette histoire déjà longue des pouvoirs progressivement conférés à l'épouse par la pratique et par la loi arrivait ainsi à son terme, aboutissait à la reconnaissance de l'entière

(1) *J. Off.* 1894. Doc. Sénat, p. 69.

indépendance de l'épouse dans ses relations avec les Caisses d'épargne.

La Commission du Sénat approuva le texte adopté par la Chambre (1), et le Sénat l'admit également en première délibération (2). Mais un amendement avait été présenté au cours de la séance par M. *Chovet* qui proposait de rétablir les mots effacés par la Chambre. On serait revenu ainsi à la teneur primitive du projet.

Le premier rapport de la commission du Sénat combat l'amendement de M. Chovet, et propose d'accepter le texte tel qu'il était sorti des délibérations de la Chambre (3)

Jusqu'ici tout le monde avait approuvé une extension de la liberté de l'épouse. Le Chambre et le Sénat ainsi que leurs commissions avaient consenti à la disparition complète dans la loi des paroles : « sauf opposition de leurs maris ». Le texte primitif du projet ainsi que l'amendement de M. Chovet lui-même, sans aller aussi loin, sans écarter l'opposition maritale, la règlementaient du moins de manière favorable à la femme, l'entouraient d'obstacles qui empêchaient le mari d'arriver aisément à ses fins.

Mais le second rapport de la commission du Sénat proposa inopinément un nouveau texte, qui constituait un véritable recul sur la situation antérieure (4). Aucun motif n'est donné du changement d'attitude

(1) *J. Off.*, 1893. Doc. Sénat, p. 406.
(2) Dans la séance du 23 novembre 1893. *J. Off.* du 24, p. 1332.
(3) *J. Off.*, 1894. Doc. Sénat, p. 69.
(4) *J. Off.*, 1894 Doc. Sénat, p. 79.

de la commission. Aucune explication ne vient justifier les idées nouvelles introduites dans la loi. Et cependant ce texte successivemen approuvé par le Sénat (1) et la Chambre (2) devint l'alinéa final de l'art. 16 de la loi du 20 juillet 1895.

II

Les innovations de la loi de 1895 relatiment au droit d'opposition marital.

L'article 16 de la loi de 1895 maintient le droit d'opposition du mari. Et il ajoute :

« Dans ce cas (dans le cas d'opposition) il sera sursis au retrait du dépôt, et ce, pendant un mois à partir de la dénonciation qui en sera faite à la femme par lettre recommandée, à la diligence de la caisse d'épargne. Passé ce délai et faute par la femme de s'être pourvue contre ladite opposition par les voies de droit, le mari pourra toucher seul le montant du livret si le régime sous lequel il est marié lui en donne le droit ».

La procédure ainsi imaginée fait perdre à l'épouse le bénéfice qu'elle retirait de la pratique antérieure à la loi de 1895. Le mari n'est plus contraint comme par le passé de recourir à un jugement dont il supportait tous les frais. Il n'est plus arrêté par les dépenses et les longueurs de l'instance judiciaire qui

(1) Dans la séance du 11 mai 1894. *J. Off.* du 12.
(2) Dans la séance de 27 juin 1895 *J. Off.* du 28.

l'amenaient à consentir à la main-levée de l'opposition, ou à s'entendre avec sa femme pour demander conjointement le remboursement. Il incombe à l'épouse maintenant de se pourvoir « par les voies de droit » contre l'opposition maritale. Elle ne le fera pas d'ordinaire. Mariée le plus souvent sous le régime de la communauté, elle serait sûre de succomber dans une action judiciaire contre le mari chef de la communauté et maître des deniers déposés à la Caisse d'Epargne. Il suffira au mari de se présenter à la Caisse dans le délai d'un mois et de faire la preuve de ses qualités, pour recevoir le montant du livret de sa femme, « si le régime sous lequel il est marié lui en donne le droit. »

La loi de 1895 a facilité au mari les moyens de s'emparer des économies de l'épouse. Et le rapprochement des lois de 1881 et de 1895 peut être d'un enseignement profitable pour qui veut observer la différence qui existe souvent, entre les intentions des législateurs et les lois qu'ils édictent, entre la teneur des lois elles-mêmes et leur application dans la réalité.

En 1881, on a nettement manifesté au Parlement la résolution de ne pas porter atteinte aux prérogatives maritales, de n'accorder à la femme qu'un droit de simple tolérance toujours révocable par le mari. Mais dans la pratique la loi a eu de tous autres effets. Le pouvoir de l'épouse s'est trouvé ne pas être bien éloigné d'un pouvoir propre et indépendant que lui aurait reconnu la loi. Dans les travaux qui ont précédé l'adoption de la loi de 1895, on s'est montré beaucoup plus disposé qu'en 1881 à limiter, au profit de la femme, les droits du mari. On est allé même, à la Chambre et au Sénat, jusqu'à admettre par des votes successifs une législation qui aurait, semble-t-il, libéré l'épouse de toute subordination à l'égard du mari dans ses rapports avec les caisses d'épargne. Et cependant la disposition qui a triomphé en définitive retire à la femme les avantages qu'elle trouvait dans l'état de fait antérieur à la loi de 1895.

Ce sont là de ces surprises, de ces contrastes entre les volontés du législateur et la lettre des lois, entre la théorie et la pratique, qui ne sont pas rares dans l'histoire du droit. Manifestement on n'entendait pas en 1895, empirer la situation de l'épouse. Comparé au texte ancien, le texte nouveau ne paraît pas restreindre la liberté de l'épouse plus que ne le faisait la législation précédente. Il ajoute seulement une procédure spéciale, rapide et aisée à la disposition de la loi de 1881. Il ne modifie pas les droits respectifs des conjoints qui demeurent identiques à ce qu'ils étaient auparavant. Mais c'est relativement à la pratique établie, que la loi de 1895 apparaît défavorable à l'égard de la femme. Peut-être s'il avait connu cette pratique, le législateur de 1895 n'aurait pas admis la procédure nouvelle qui lui semblait indifférente, mais qui se trouvait être contraire aux intérêts de l'épouse. Et il est permis ainsi de reconnaître quelque utilité à des études juridiques qui ne se bornent pas à l'examen des textes légaux, mais rapprochent constamment ces textes de leurs effets dans la réalité.

On trouve encore de nouvelles raisons de penser que le législateur n'a pas eu une notion exacte de la portée de la disposition ajoutée à l'article 16 de la loi de 1895, dans l'article 17 de cette loi. Cet article énonce en effet d'abord que l'opposition « sera signifiée aux caisses d'épargne dans la forme des actes extrajudiciaires, » c'est-à-dire par ministère d'huissier, et ensuite que l'opposition « produira à l'égard des caisses, les mêmes effets que l'opposition prévue au code de procédure civile. »

On se rappelle que ces deux règles avaient été introduites dans la loi par le texte primitif du projet, conformément aux vœux des caisses d'épargne. Lorsque la Chambre ainsi que le Sénat en première délibération abolirent le droit d'opposition du mari, on décida que ces règles devaient concerner seulement l'opposition du représentant légal du mineur ; elles n'avaient plus de raison d'être en ce qui touchait le mari. Mais quand le Sénat en seconde délibération eut rétabli la faculté d'opposition du mari, on ne maintint plus la limitation de l'article 17 : on déclara, de nouveau, ses dispositions applicables comme dans le texte primitif à l'opposition du mari aussi bien qu'à celle du représentant légal du mineur. Mais si la première règle de l'article 17 se concilie parfaitement avec la teneur définitive de l'article 16, il n'en est pas de même de la seconde qui est en contradiction avec la procédure instituée par la loi relativement à l'opposition maritale.

Le législateur a entendu sauvegarder les intérêts

des caisses d'épargne en édictant que l'opposition maritale produirait à leur égard les mêmes effets que l'opposition d'un créancier. Les administrateurs des caisses n'auront pas à se faire juger de la légitimité de l'opposition. Ils n'auront pas à statuer sur des questions pour lesquelles ils n'ont pas la compétence nécessaire. Ils ne courront pas risque de payer deux fois en admettant à tort le bien fondé d'une opposition. Considérés comme tiers saisis, ils conserveront selon les règles de l'opposition du Code de procédure civile, une attitude passive. Il ne rembourseront les dépôts qu'après un jugement, ou lorsque les parties en conflit se seront mises d'accord. Voilà ce que réclamaient les caisses d'épargne, et voilà ce que décide l'article 17.

Mais l'article 16 dispose tout autrement. Les caisses auront à annoncer l'opposition du mari à l'épouse. Si cette dernière ne s'est pas pourvue contre l'opposition dans le délai d'un mois, elles remettront au mari les sommes inscrites au compte de sa femme, à moins que le régime sous lequel il est marié n'interdise un pareil remboursement. Mais alors les caisses n'attendront pas dans l'inaction le résultat du jugement ou l'accord des conjoints. Elles devront agir, payer au mari le montant du livret, s'il y a droit. Il leur est ordonné d'apprécier les prétentions du mari, d'examiner si les preuves fournies par lui justifient suffisamment sa demande et de statuer en conséquence. Toutes ces difficultés juridiques, ces études de régimes nuptiaux, de contrats de mariage dont l'article 17 voulait les dispenser, cette responsabilité que cet article voulait leur éviter, l'article 16 les leur impose. Les caisses d'épargne ne sont plus vraiment des tiers saisis. L'opposition maritale ne produit pas à leur égard « les mêmes effets que l'opposition prévue au code de procédure civile ».

On avait voulu par l'article 17 donner satisfaction aux caisses d'épargne, consacrer leur usage de ne payer au mari qu'après jugement, faire cesser la diversité des décisions judiciaires en cette matière. Mais on n'a pas songé que l'article 16 était en opposition avec ces idées, et on n'a pas mis l'harmonie dans la loi. Les hésitations se maintiendront-elles dans la jurisprudence ? Si les caisses, en s'appuyant sur l'article 17, refusent un remboursement à un mari qui plus tard réussit à faire admettre sa réclamation par les tribunaux, ceux-ci ne condamneront-ils pas les caisses aux dépens du procès auquel ils ont entraîné le mari, alors que l'article 16 leur ordonnait de payer sans jugement ? Les intérêts des caisses d'épargne se trouvent après la loi de 1895 dans la même insécurité qu'auparavant. L'article 16 anéantit, sans que le législateur l'ait voulu, la disposition favorable aux caisses d'épargne et à l'épouse que contient l'article 17.

Il faut ajouter enfin qu'avec la loi de 1895, une inélégance apparaît dans l'ensemble des règles qui gouvernent les rapports de la femme avec les caisses d'épargne. Un certain nombre d'épouses, en effet, continuent à ne déposer dans les caisses qu'avec l'autorisation maritale. Pour celles-ci, la pratique qui s'était constituée antérieurement à toute intervention législative se maintient ; elle est approuvée par différents décrets ministériels. Dans ce cas, comme je l'ai montré, aucun paiement n'est consenti au mari seul; le remboursement ne se fait qu'aux deux époux. Or, d'après la procédure créée par la loi de 1895, le mari pourra obtenir, sur sa seule décharge, sans le concours de la femme, la remise des sommes versées par cette dernière. Au point de vue des retraits du mari, la situation faite à l'épouse qui se prévaut de la loi de 1895 se trouvera donc être moins favorable que si elle s'était soumise aux principes du Code. L'état de choses inverse cependant serait seul logique. La protection de l'épouse devrait être plus grande, les remboursements au mari moins aisés, sous l'empire d'une loi qui prétend affranchir la femme dans une certaine mesure, que sous l'empire du droit matrimonial du Code civil, subordonnant plus étroitement l'épouse au mari. Il y a là un manque d'harmonie que l'on ne s'explique pas.

III

Les résultats de la loi de 1895.

La loi de 1895 a donc restreint la liberté de l'épouse en facilitant le succès de l'opposition du mari. On pouvait craindre, par suite, que le nombre des paiements au mari n'augmentât considérablement. On pouvait appréhender que l'opposition ne reçût plus la solution à laquelle elle aboutissait d'ordinaire auparavant, qu'elle ne fût plus aussi généralement suivie d'une main-levée de la part du mari, ou d'un remboursement aux deux époux. Il n'en a heureusement pas été ainsi.

La loi est bien venue contrecarrer les tendances de la pratique. La pratique n'en a pas moins persisté dans ses anciens errements. Les caisses d'épargne ne peuvent plus se refuser à tout paiement au mari, jusqu'à ce qu'il ait obtenu un jugement. Elles ne peuvent plus opposer à la déclaration de l'époux les mêmes obstacles qu'autrefois. Elles ont eu alors recours à d'autres moyens. Par des procédés différents, elles sont parvenues à atteindre des résultats identiques, à entraver comme par le passé l'action du mari.

Qu'un mari aujourd'hui forme opposition auprès d'une caisse d'épargne, celle-ci avertit l'épouse par lettre recommandée, et suspend tout remboursement pendant un mois. Si dans ce délai d'un mois la femme s'est pourvue contre l'opposition « par les voies de droit » la caisse attendra la décision de la justice.

Mais souvent l'épouse n'aura répondu d'aucune manière à l'opposition du mari. Le délai écoulé, ce dernier pourra-t-il aisément entrer en possession des sommes déposées ? Nullement. Et voici toutes les difficultés accumulées par les instructions ministérielles qui s'opposeront au triomphe de la réclamation du mari.

« Le mari sera tenu, en premier lieu, porte l'instruction du 20 décembre 1895 (1), de rapporter le livret qui forme le titre de la créance contre la Caisse d'Epargne ; il ne lui en sera pas délivré de duplicata, attendu que le livret n'est ni perdu, ni adiré, ni volé, et qu'il se trouve entre les mains de la femme qui en est titulaire, et de laquelle il devra en obtenir la remise par telles voies qu'il jugera convenables, sans que la Caisse ait à s'immiscer dans ces difficultés entre époux ».

La femme opposée à un remboursement au mari n'aura donc qu'à conserver soigneusement la possession de son livret. Et c'est le conseil qu'on lui donnera dans les bureaux des Caisses d'Epargne. Elle placera son livret en lieu sûr. Elle pourra même le brûler sans danger, car il lui sera alors délivré un duplicata, tandis que tout duplicata est refusé à l'époux. La nécessité de rapporter le livret est l'obstacle le plus sérieux qui arrêtera le mari. Dans cette condition imposée par les Caisses à tout remboursement au mari, la femme trouve le moyen de faire perdre à son époux tout le bénéfice des innovations de la loi de 1895. Il dépendra d'elle seulement que la procédure organisée par cette loi demeure pour le mari un avantage purement théorique. Un hasard seul ou peut-être la violence ou la ruse pourront

(1) Art. 23.

permettre au mari de s'emparer du livret de sa femme sans le consentement de cette dernière. Et si ces événements ne se produisent pas, le mari n'aura plus que la ressource de s'adresser à la justice, comme dans la pratique antérieure à la loi de 1895.

Ce n'est pas tout. Admettons même que le mari ait pu se saisir du livret.

« Il aura, en second lieu, continue l'instruction ministérielle, a établir son identité et sa qualité de mari de la titulaire, et il devra enfin justifier du droit qu'il tient du régime matrimonial sous lequel il est marié, à obtenir le remboursement du dit livret, et par suite, qu'il n'est survenu ni séparation de corps ou de biens, ni divorce. »

J'ai déjà eu à montrer les difficultés des preuves ainsi exigées.

Pour « établir le droit qu'il tient de son régime matrimonial à obtenir le remboursement du livret » le mari présentera une copie du contrat de mariage, s'il en a été rédigé un. Sinon, il pourra peut-être apporter un extrait de l'acte de mariage constatant que, selon la loi de 1850, les époux sur interpellation de l'officier de l'état civil, ont déclaré n'avoir pas passé de contrat. Ces preuves sont un peu compliquées. Elles restent cependant relativement aisées.

Mais le mari doit en outre, faire la preuve négative « qu'il n'est survenu ni séparation de corps ou de biens, ni divorce. » Et je l'ai indiqué : si la nécessité de la transcription pour la validité du divorce permet d'établir l'absence de tout divorce entre les époux, aucune justification semblable n'est possible pour la séparation de corps ou de biens.

Il y aurait dans la difficulté de la preuve à cet égard, un obstacle presque insurmontable pour le mari, si les caisses d'épargne ne se contentaient ici d'un acte de notoriété délivré par un notaire ou encore par le greffier de la Justice de Paix, sur les attestations de deux témoins. L'acte de notoriété affirme le droit du mari, que n'a fait disparaître aucun divorce ou séparation, de toucher les sommes versées par l'épouse. La responsabilité des caisses se trouve alors couverte par celle du notaire. Si le remboursement a été fait sans droit au mari, les caisses, qui devront payer une seconde fois à la femme, se feront rembourser par le notaire. Et celui-ci pourra exercer à son tour un recours contre les témoins. C'est donc devant le notaire que le mari devra faire les preuves nécessaires. Or, dans de certaines circonstances, le notaire, craignant pour sa responsabilité, refusera l'acte de notoriété demandé par le mari. Un seul moyen restera encore à ce dernier, pour triompher dans ses projets : le recours à l'intervention judiciaire.

Souvent ainsi, soit que le mari ne parvienne pas à se saisir du livret, soit que le notaire ne consente pas à lui délivrer un acte de notoriété, on se trouvera ramené à la situation antérieure à la loi de 1895. Malgré la procédure nouvelle instituée par cette loi, le mari devra, comme auparavant, subir les longueurs d'une instance judiciaire, dont, vraisemblement, il supportera les frais.

Et comme si toutes ces formalités successives n'étaient pas suffisantes pour faire échouer les tentatives du mari, l'instruction ministérielle ajoute encore ces mots : « La caisse aura, en outre, à exiger telles autres justifications complémentaires qui lui paraîtraient nécessaires pour effectuer valablement le remboursement entre les mains du mari ».

— Il arrivera ainsi que comme par le passé les oppositions seront suivies souvent d'une main-levée de la part du mari, ou d'un remboursement aux deux époux. — Beaucoup d'oppositions demeureront sans solution. — Un très petit nombre d'entre elles donneront lieu à une action judiciaire. — Fort peu aboutiront à un remboursement au mari conformément à la procédure de l'article 16.

Ce sont ces inductions que l'ont peu ttirer pour l'avenir des résultats obtenus jusqu'ici par la loi de 1895.

—Le rapport sur les opérations des Caisses d'épargne ordinaires en 1895 constate une augmentation sensible du nombre des oppositions, sans qu'il soit possible d'expliquer ce fait. 62 oppositions ont été signifiées aux Caisses d'épargne. La plupart d'entre elles ont été suivies d'une main-levée par le mari ou d'un remboursement aux deux époux, ou n'ont pas reçu de solution. Trois paiements ont été effectués, sans jugements, au mari, en vertu de la loi de 1895 (1). Ce chiffre peu considérable sans doute en lui-même

(1) Rapport..., 1895, p. xxv.

pourrait paraître inquiétant, si on le compare aux chiffres antérieurs à la loi de 1895, et si on songe à la faible portion de l'année pendant laquelle cette loi a pu être appliquée. Mais il est vraisemblable que dans les premiers jours qui suivirent la promulgation de la loi, et avant que les habitudes nouvelles se fussent organisées définitivement, les caisses ne veillèrent pas très rigoureusement à l'accomplissement des formalités imposées au mari. La pratique s'est bientôt ressaisie. Par la suite, les effets de la loi ont été tout différents.

Le rapport de l'année 1896 qui paraîtra prochainement mentionne encore l'accroissement du chiffre des oppositions qui se monte cette fois à 81 : « *Un seul* remboursement au mari a eu lieu dans les conditions de la loi du 20 juillet 1895 sur production du livret, du contrat de mariage, et d'un acte de notoriété ». *Aucune* des 144 oppositions anciennes demeurées sans solution, et auxquelles la procédure de la loi de 1895 est également applicable, n'a donné lieu à un paiement au mari, suivant les formes de la loi nouvelle.

— Pour la Caisse Nationale d'Epargne, le rapport de l'année 1896 contient en notre matière, des renseignements un peu plus étendus que les rapports des années précédentes. 54 oppositions ont été signifiées par des maris : « *Aucun* compte n'a été remboursé entre les mains du mari après le délai d'un mois fixé par l'article 16 » (1).

(1) Rapport, p. 18.

J'ai pu avoir connaissance, par ailleurs, de renseignements relatifs à la Caisse postale qui portent sur les années 1895, 1896 et 1897. A la Direction de la Caisse Nationale, les livres de l'agent comptable, — dans le ressort duquel rentrent, je l'ai indiqué, plus de la moitié des opérations totales de la Caisse, — mentionnent plus de 80 oppositions notifiées depuis la promulgation de la loi de 1895 jusqu'à la fin de l'année 1897, et une cinquantaine d'oppositions anciennes auxquelles s'appliquait aussi la procédure de cette loi. Sur ce chiffre total de plus de 130 oppositions, dans l'espace de deux ans et demi, 4 remboursements seulement ont été effectués au mari, dans les conditions de la loi de 1895.

— L'état de fait antérieur à cette loi s'est donc maintenu dans ses grandes lignes. — Le nombre des comptes ouverts à des femmes mariées agissant sans l'assistance maritale, tant à la Caisse postale que dans les caisses privées continue à dépasser annuellement 100.000. — Le chiffre des oppositions plus élevé sans doute qu'auparavant, reste encore relativement très faible. — Et les paiements au mari seul demeurent par suite des obstacles nouveaux opposés par la pratique aux réclamations maritales, en nombre négligeable : « Les résultats de la procédure spéciale édictée par le législateur pour le remboursement des livrets frappés d'opposition, a pu déclarer un rapport, ont été nuls pour les oppositions antérieures, insignifiants pour les nouvelles » (1). Et on lit de même

(1) Rapport sur les Caisses d'épargne ordinaires, 1895, p. LXV.

dans un autre rapport : « Il convient aussi de noter l'inefficacité de la procédure inaugurée par la loi du 20 juillet... » (1).

Par ailleurs même, la loi de 1895 a amélioré la condition de l'épouse.

D'après l'article 24 en effet de cette loi, les oppositions sont prescrites dans les cinq années à partir de leur date, à moins qu'elles n'aient été renouvelées dans l'intervalle. De cette manière s'éteindra rapidement ce nombre notable d'oppositions qui chaque année demeuraient en suspens. Au bout de cinq ans, l'épouse reprendra sa liberté et pourra exiger le montant de son livret.

La loi de 1895 n'a donc pas produit les conséquences défavorables pour l'épouse que certaines parties de son texte pouvaient faire craindre. Les innovations contraires aux intérêts de la femme ont été paralysées et presqu'annulées par la pratique. Dans ses résultats de fait, la loi nouvelle déroge, aussi bien que la loi ancienne, aux principes exacts du mandat, porte atteinte aux pouvoirs du mari comme maître de la communauté, ou comme administrateur du patrimoine de l'épouse.

(1) Rapport de 1896.

CHAPITRE X

Les extensions du droit d'épargne de l'épouse.

I

Attribution à la femme mariée de la propriété de son épargne.

La femme mariée a obtenu ainsi la gestion presqu'indépendante d'une partie de la fortune conjugale. Mais les sommes déposées par elle dans les Caisses d'épargne continuent soit à appartenir au mari, dans les régimes où ce dernier a la jouissance du patrimoine de l'épouse, soit à faire partie de l'actif commun, sous le régime de la communauté. Les exceptions qui ont été apportées aux principes du Code concernent seulement l'administration d'un certain pécule par la femme ; mais il n'a pas été touché aux règles relatives à la propriété de ce pécule.

Dans l'hypothèse ordinaire d'une union soumise au régime de communauté, les économies de l'épouse doivent, à la dissolution du mariage, être comprises dans la liquidation générale de la communauté. Si la femme ou ses héritiers acceptent la communauté, ils abandonnent au mari la moitié des sommes portées au livret (1). S'ils renoncent à la communauté, ils abandonnent la totalité de ces sommes (2). Si la femme dissimulait les placements faits à la Caisse d'épargne, elle tomberait sous le coup des pénalités prononcées par le Code contre l'époux qui « aurait diverti ou recelé quelques effets de la communauté » : elle serait « déclarée commune, nonobstant sa renonciation » (3), et elle serait privée de sa portion dans les deniers ainsi recelés (4).

Ces principes sont incontestables, et on n'a pas essayé d'y déroger directement. Mais indirectement certains efforts ont été faits, qui tous n'ont pas réussi, pour étendre le droit de l'épouse à l'appropriation même des sommes inscrites au livret. Ces tentatives ont eu lieu dans deux situations qui doivent être distinguées : au cas de dissolution de la communauté par le décès du mari, et au cas de dissolution par le divorce.

*
* *

A. — Dans l'hypothèse du prédécès du mari, les caisses peuvent-elles continuer à accorder à la femme, devenue veuve, les remboursements qu'elle demande ? Le Conseil d'Etat consulté à cet égard par le Ministre, rendit, toutes sections réunies, un avis interprétatif qui dispose ainsi :

(1) Art. 1474 C. civ.
(2) Art. 1492 C. civ.
(3) Art. 1460 C. civ.
(4) Art. 1477 C. civ.

« Les sections... considérant que le prédécès du mari qui rend à la femme le plein exercice de ses droits, ne peut avoir pour conséquence, de restreindre l'étendue de la faculté qu'elle tient de la loi de 1881, ni d'autoriser la caisse dépositaire à mettre au remboursement des sommes versées, d'autre condition que celle prévue par l'article précité ; sont d'avis que la femme qui s'est fait ouvrir un livret dans les conditions de l'article 6, de la loi du 7 avril 1881, peut après la mort de son mari, retirer seule les fonds qu'elle a placés » (1).

Ainsi le décès du mari ne supprimerait pas la faculté de retirer de la femme, et les Caisses ne pourraient refuser aucun paiement à cette dernière. La veuve qui accepte la communauté aurait donc les moyens d'entrer en possession de sommes supérieures à sa part de communauté. Et celle qui renonce, aurait encore, malgré sa renonciation, le droit de reprendre des économies qui devraient lui échapper en totalité. Il existerait ainsi dans la pratique Française une situation voisine de celle qui a été créée en Suisse par la loi Génevoise de 1894. On sait que d'après cette loi, l'épouse a pendant la durée de la communauté la disposition exclusive des produits de son travail, et à la dissolution du mariage elle peut conserver le pécule provenant des économies faites sur ses salaires ou appointements, tout en renonçant à la commu-

(1) Avis du Conseil d'Etat de 1887 : circulaire ministérielle du 10 mars 1887 ; *Journal des Caisses d'épargne*, 1887, p. 70.

nauté (1). De manière un peu semblable ici, la veuve renonçant à la communauté pourrait cependant s'emparer de sommes appartenant à l'actif commun.

Mais peut-être l'avis du Conseil d'Etat n'a-t-il pas une aussi large portée. Il statue seulement sur le droit de retrait de la veuve, non pas sur son droit d'appropriation définitive des fonds versés à la Caisse. Tant que vit le mari, le pouvoir de l'épouse d'exiger un remboursement n'est limité que par une seule restriction : la faculté d'opposition du mari. A la mort de celui-ci, cette restriction disparaît. La veuve retire librement son épargne. Et les Caisses ne sauraient apporter de nouvelles entraves à son action. Le décès du mari ne peut qu'élargir le droit de la femme, non pas l'amoindrir. Le Conseil d'État n'a pas entendu déclarer autre chose. Il n'autorise pas la femme à conserver définitivement le montant du livret. Les héritiers du mari pourront réclamer, sinon aux Caisses, du moins à la veuve la totalité, ou la moitié des sommes inscrites au livret, selon qu'elle renonce à la communauté ou qu'elle l'accepte. Peut-être même auront-ils le droit, non plus en vertu du pouvoir marital, mais comme créanciers de la femme, de former opposition auprès des Caisses d'Epargne.

Même interprété de cette manière étroite, l'avis du conseil d'Etat demeure favorable à la femme. Elle pourra obtenir la restitution de ses économies, et une fois entrée en leur possession, échapper assez facilement en fait, par suite de la faible valeur des objets

(1) *Annuaire de législation étrangère*, 1895, p. 634.

susceptibles d'être frappés de saisie chez elle, aux poursuites des héritiers du mari. Ceux-ci, du reste, ne connaîtront pas toujours, ou ne connaîtront que tardivement l'existence d'un livret au nom de l'épouse.

La décision du conseil d'Etat n'a pas triomphé cependant dans la pratique. Selon les usages des caisses d'épargne, aucun remboursement n'est consenti à l'époux titulaire du livret, au mari non plus qu'à la femme, lorsqu'on apprend la mort de son conjoint. Tout paiement est suspendu jusqu'à ce qu'il intervienne un règlement définitif des droits respectifs de l'époux survivant et des héritiers du prédécédé. Les caisses restituent alors les fonds dont elles sont dépositaires, sur la présentation d'un certificat de propriété délivré par le notaire, qui les libère de toute responsabilité. Si l'avis du conseil d'Etat avait été suivi, on aurait fait exception à cet usage en faveur de la veuve, et on l'aurait maintenu à l'égard du mari survivant : c'eût été contraire à l'équité, et davantage encore, à l'esprit général du droit matrimonial.

Un jugement du tribunal de la Seine du 11 février 1896 a approuvé le refus des caisses d'épargne d'effectuer un remboursement à une femme, dont le mari est prédécédé.

« Attendu dès lors, déclare ce jugement, que les sommes déposées par la femme ne perdent point leur caractère de biens de la communauté; que par suite le décès du mari survenant et la communauté étant dissoute, les sommes ainsi déposées ne sauraient être exclues de la liquidation de la communauté... que les héritiers du mari doivent concourir au retrait de ces sommes... attendu que rien n'autorise à considérer (la femme) comme mandataire des héritiers du mari (1). »

L'instruction ministérielle du 20 décembre 1895(2) prescrit en ces termes aux caisses d'épargne leur attitude à cet égard :

« En cas de décès du mari, et lorsque le livret n'a pas été frappé d'opposition, la femme peut obtenir le remboursement des fonds versés par elle directement, si la caisse d'épargne est dans l'ignorance de ce décès; mais si elle en a eu connaissance par une circonstance quelconque, une déclaration de la femme, par exemple, celle-ci devra être invitée à justifier de ses droits par la production d'un certificat de propriété. »

La veuve n'a donc pas réussi dans la pratique à conserver le droit au retrait des sommes déposées. Cependant, il faut le remarquer, la responsabilité de la caisse d'épargne n'est pas engagée, d'après l'instruction ministérielle, lorsqu'elle a payé à la femme dans l'ignorance de la mort du mari. En dissimulant cette mort, la veuve parviendra souvent à se faire restituer le montant du livret. Il n'est pas improbable même que certains administrateurs de caisses d'épargne, connaissant le décès du mari, affectent de l'igno-

(1) *Journal des Cai ses d'épargne,* 1896, p. 204.
(2) Art. 20.

rer, afin de pouvoir remettre à une malheureuse femme des économies péniblement amassées par elle et nécessaires à sa subsistance. D'une manière ou d'une autre, il arrivera que la veuve pourra obtenir, après le décès du mari, les deniers versés à la caisse d'épargne.

*
* *

B. — Mais les efforts faits pour attribuer à la femme la totalité des fonds confiés aux caisses d'épargne ont souvent plus de succès dans l'hypothèse de la dissolution de la communauté par le divorce ou la séparation de corps.

Ce sont les tribunaux, cette fois, qui essaient de remédier aux rigueurs de la loi en faveur de l'épouse. Pendant l'instance en divorce d'abord, ils s'efforcent de protéger les droits éventuels de la femme, en l'autorisant à répondre par une contre-opposition à l'opposition du mari. Et après avoir prononcé la séparation de corps ou le divorce, ils allouent à la femme, comme pension alimentaire, une partie ou l'intégralité des sommes déposées.

« Il convient de noter, observe un rapport, la tendance des tribunaux à autoriser la femme à former une contre-opposition pour la sauvegarde de ses droits, quand celle du mari est faite à l'occasion ou au cours d'une instance en divorce ou en séparation de corps (1) ».

(1) Rapport sur les Caisses d'épargne ordinaires, 1895, p. LXV.

« Souvent, lit-on dans un rapport antérieur, dans le cas de divorce ou de séparation, les tribunaux laissent à la femme les sommes déposées à la caisse d'épargne, à titre de pension alimentaire (1) ».

Dans une espèce sur laquelle eut à statuer le tribunal de Beauvais, un mari, après avoir vécu pendant vingt ans séparé de fait de sa femme, ne se soucia tout à coup de l'existence de cette dernière que pour réclamer les dépôts effectués par elle à la caisse d'épargne. Le tribunal condamna nécessairement la caisse à remettre au mari les économies de l'épouse. Mais celle-ci présenta une demande en divorce devant le tribunal d'Amiens, et par une contre-opposition formée en vertu d'une ordonnance du président de ce tribunal, elle interdit à la caisse d'épargne d'effectuer aucun remboursement entre les mains du mari (2).

Le tribunal de la Seine, de même, à la date du 11 juillet 1893 (3), autorise la femme à former sur l'opposition du mari une contre-opposition et à se payer, sur le montant des dépôts, des sommes auxquelles le jugement prononçant le divorce avait condamné le mari.

Un jugement du tribunal de Millau, confirmé par un arrêt de la Cour d'appel de Montpellier, après avoir ordonné la dissolution de la communauté, sta-

(1) Rapport... 1887. p. LXIV.

(2) *Journal des Caisses d'épargne*, 1894, p. 176.

(3) Ce jugement n'a pas été publié. Copie m'en a été communiquée au Ministère du Commerce.

tue ainsi sur l'attribution du montant du livret de l'épouse. Les dépôts devant se partager par moitié entre les deux conjoints communs en biens, la propriété du livret est accordée à la femme, sous réserve qu'une portion en sera distraite pour le mari. Mais une fraction de la part du mari est encore abandonnée à l'épouse pour le paiement des termes échus de la pension alimentaire à laquelle le mari avait été condamné. Et la fraction restante demeure également en sa possession pour le paiement des termes à échoir. Par cet ensemble de procédés vraiment curieux, la totalité du dépôt est accordée à la femme. (1)

On voit ainsi comment la pratique essaie de parfaire l'œuvre entreprise en faveur de l'épouse. Elle ne se contente pas d'affranchir cette dernière, pendant la durée du mariage, de sa subordination à l'égard du mari dans la gestion de ses économies. Elle tente même de prolonger le droit de la femme au-delà du terme du mariage, de lui conserver, en propriété, les sommes dont-elle n'avait auparavant que la disposition. Mais les efforts fait en ce sens se heurtent ici à des principes légaux trop contraires, et que l'on peut difficilement violer ouvertement. Aussi n'est-ce plus par des habitudes générales, mais par des moyens indirects, par des faveurs individuelles, que les tribunaux ou les administrateurs des caisses d'épargne peuvent venir en aide à des femmes

(1) *Journal des Caisses d'épargne*, 1896, p. 226.

dont la situation est particulièrement douloureuse. On n'est plus en présence, cette fois de faits constants, mais de simples tendances, qu'il est pourtant intéressant d'observer.

II

Acquisition par l'épouse de titres de rente nominatifs.

Le droit de l épouse de placer ses économies en son nom personnel, dont j'ai parlé jusqu'ici a une limite : les versements de la femme ne peuvent dépasser le maximum des dépôts possible à la caisse d'épargne. Mais les lois sur les caisses d'épargne permettent même à l'épouse d'effectuer des placements supérieurs au maximum des dépôts, de soustraire ainsi aux pouvoirs de disposition du mari une portion plus considérable encore de l'actif commun.

La loi de 1895 (1), en effet, reproduisant sur ce point une disposition analogue de la loi de 1881 (2), autorisé tout déposant « dont le crédit sera de somme suffisante pour acheter dix francs de rente au moins » à « faire opérer cet achat en titres nominatifs sans frais par les soins de la caisse d'épargne. » La femme peut sans aucun doute se prévaloir de cette disposition. Le texte s'exprime d'une manière géné-

(1) Art. 2.
(2) Art. 10.

rale ; et dans les travaux préparatoires de la loi de 1881, on s'est expliqué nettement à ce sujet :

« La faculté de l'achat de rente sans frais est générale déclare le rapport de M. Le Bastard, au Sénat, la femme mariée en profitera comme tous les déposants. Il n'y avait aucun intérêt à l'en exclure puisque le droit de retrait étant admis pour elle, elle eut pu au besoin opérer ce retrait et en placer le montant en valeurs au porteur, tandis que le titre acheté par la caisse d'épargne est nominatif, ce qui est une garantie contre toute tentative de dissimulation » (1).

La circulaire ministérielle du 28 décembre 1881 que confirmera l'instruction ministérielle du 20 décembre 1895 délimite de la manière suivante le droit de l'épouse, en cette matière :

« Les femmes mariées, agissant seules, ont... le droit de faire acheter pour leur compte personnel des rentes sur l'Etat. Toutefois il convient de remarquer qu'elles ne pourront ultérieurement vendre ou transférer lesdites rentes, sans l'assistance de leur mari... Il ne pourra même plus en cas d'opposition du mari être fait aucune acquisition de rentes à la demande de la femme. . ».

La faculté de l'épouse d'acquérir des rentes par l'intermédiaire des caisses d'épargne est assimilée par les instructions ministérielles à sa faculté d'opérer un retrait. L'achat des rentes serait une des for-

(1) *Journal Officiel*, 1881, Sénat, annexes, n° 23.

mes du remboursement que la femme peut exiger. Il semblerait d'après les instructions ministérielles que le droit ainsi conféré à l'épouse ne constitue pas vraiment une faveur nouvelle. Il serait un simple corollaire de son droit d'obtenir des remboursements. Il a effet la même étendue que ce droit et les mêmes limites. Il n'existe que tant que subsiste la possibilité des retraits de la femme. Et il ne permet pas à celle-ci des actes qui ne sont pas contenus dans son pouvoir d'effectuer un retrait.

En effet, au cas d'opposition du mari, l'épouse qui ne peut obtenir aucun remboursement de la caisse, ne peut non plus demander une acquisition de rentes. Et de même la femme a bien la liberté d'acheter des rentes, mais elle ne saurait les aliéner sans l'autorisation maritale. La vente de titre nominatifs dépasserait le droit de retrait de l'épouse. Elle est une opération postérieure au retrait, et sans lien avec cet acte. En autorisant la femme à aliéner seule les rentes, on lui accorderait un droit étranger au domaine des lois sur les caisses d'épargne ; on lui octroierait un pouvoir nouveau différent de ceux que lui concèdent déja ces lois. Au contraire en limitant son droit à la simple acquisition de titres, on demeure dans la matière des caisses d'épargne, et on n'accroit pas la liberté de l'épouse.

Cette argumentation juridique ne parait pas bien exacte, et on ne peut aissimiler l'achat de rentes à un remboursement. A l'égard des caisses d'épargne, sans doute, les deux opérations ont la même portée.

Dans l'une et l'autre hypothèse, il s'agit pour la caisse d'une restitution sous des formes différentes des sommes qui lui avaient été confiées. Mais il n'en est plus de même en ce qui concerne la femme mariée. Sans la faculté d'acquérir des rentes, l'épouse qui reprend ses économies à la caisse d'épargne n'aurait légalement le droit, pour effectuer un placement, que de les porter de nouveau à la Caisse. Les lois de 1881 et de 1895 viennent au contraire lui accorder maintenant un droit nouveau, celui de faire un placement en titres de rente nominatifs. Il est possible ainsi à la femme d'avoir inscrites en son nom personnel, non seulement les sommes versées à la caisse d'épargne, mais encore les sommes retirées de la caisse. Il lui est possible non seulement d'atteindre le maximum des dépôts à la caisse, mais d'acquérir, en outre, des rentes d'une valeur considérable. Et c'est là une preuve manifeste que son pouvoir d'acheter des titres nominatifs ne se confond pas avec son droit de posséder un livret de caisse d'épargne, mais est indépendant de ce droit, et s'y ajoute.

Aucun maximum n'est fixé par la loi à la faculté de l'épouse d'acquérir des rentes. Celle-ci peut porter incessamment des sommes importantes aux caisses d'épargne et les convertir aussitôt en titres de rente. Par des opérations de cette nature souvent multipliées, elle arrivera à placer, en son nom, des fortunes d'extrême étendue, et à les faire échapper à la gestion maritale.

Sans doute, par la suite, elle ne pourra aliéner sans

le concours du mari les titres ainsi obtenus. Mais du moins elle aura mis à l'abri des dissipations d'un mari peut-être incapable, une portion notable de l'actif commun. Elle aura effectué un placement, qu'elle juge plus prudent ou plus utile que les opérations ou les dépenses auxquelles le mari aurait pu s'abandonner.

Il est vrai que ce dernier, maître de la communauté, conserve le droit de vendre les rentes acquises par sa femme à l'aide des deniers communs. Mais on sait que dans la pratique, aucun agent de change ne consentira à la vente de titres inscrits au nom de l'épouse sans l'assentiment de cette dernière. Le mari a pour lui la loi, et il pourrait obtenir un jugement condamnant les agents de change à obéir à sa volonté. Mais en fait le mari hésitera à s'adresser à la justice. Il renoncera à toute aliénation ou essaiera d'obtenir le concours de sa femme.

Il y a là pour une épouse économe un procédé, pour empêcher les gaspillages de son mari, plus sûr que l'acquisition de titres au porteur. Le mari en effet, qui par une circonstance quelconque entrerait en possession des titres au porteur les vendrait aisément. Il n'en sera pas de même, je viens de l'indiquer, s'il se saisit des titres nominatifs. La femme sera toujours maîtresse de s'opposer efficacement à des aliénations inopportunes ou ruineuses.

Les lois sur les caisses d'épargne n'ont pas seulement accordé ainsi à la femme, même non mariée sous le régime de la séparation de biens, le droit de devenir titulaire d'un livret d'épargne. Elles lui ont reconnu, contrairement aux règles du Code civil, la liberté d'acquérir des titres de rente nominatifs. L'épouse qui ne peut faire directement aucun achat de rentes peut y procéder indirectement. Tandis que les principes généraux, universellement connus, refusent formellement à la femme ce pouvoir fort considérable d'effectuer des placements d'une valeur illimitée en titres nominatifs, on découvre inopinément dans le dédale des lois un texte presqu'ignoré, une disposition de détail octroyant à l'épouse ce droit qui bouleverse toutes les idées ordinairement reçues sur la situation respective des époux et l'organisation du régime de communauté. Un article secondaire d'une loi spéciale, étrangère, non seulement à la matière du droit matrimonial, mais encore à celle des acquisitions de rente, se trouve démentir ainsi les principes les plus positifs, les plus affirmatifs du Code civil.

Seulement, les femmes mariées n'ont pas exercé le droit très étendu qui leur était conféré. Les Rapports sur les caisses d'épargne montrent que les déposants usent très peu de la faculté d'acquérir sans frais, par l'intermédiaire des caisses, des rentes sur l'État. Les achats de rentes effectués à la demande des déposants sans distinction de sexe ni de qualité civile, demeurent chaque année relativement peu nombreux. Et une faible fraction des chiffres d'ensemble, et déjà si modestes, que nous fournissent les statistiques, peut être attribuée à des demandes d'achat de la part de femmes mariées Sur ce point, la pratique n'est pas allée aussi loin que la loi.

— A propos des tentatives faites pour attribuer à l'épouse après la dissolution du mariage, l'intégralité du livret, on a constaté que c'est la loi qui arrête les efforts de la pratique. Ici on observe une situation inverse. Les essais faits pour étendre les pouvoirs de la femme au-delà du droit de déposer et de retirer à la caisse d'épargne, n'ont pas obtenu un triomphe complet. Ou les extension cherchées n'ont pas abouti à la création d'un pratique suffisamment générale. Ou elles n'ont pas réussi à pénétrer profondément dans les mœurs. Mais la seule faculté de déposer et et de retirer librement à la caisse d'épargne est par elle-même assez importante, pour qu'on trouve vraiment considérables les résultats obtenus par les lois sur les caisses d'épargne.

CHAPITRE XI

La fonction nouvelle de la femme mariée comme gardienne des économies de la famille.

On peut apprécier maintenant d'ensemble combien les lois sur les caisse d'épargne ont, par leurs conséquences dans la pratique, rehaussé la condition de l'épouse, spécialement dans les classes laborieuses. A côté du mari, demeuré toujours le chef du ménage, la femme a reçu cette fonction très noble de gardienne des économies de la famille. C'est à elle qu'il appartient d'avoir le souci de l'avenir, de prendre les mesures de prévoyance nécessaires, en vue des chômages ou des maladies possibles. Les faits ont montré qu'elle a conscience de ses obligations à cet égard, qu'elle s'empresse de remplir le rôle que la loi lui a attribué.

Dans son rapport au Sénat, au nom de la commission chargée d'examiner le projet qui allait devenir la loi de 1881, M. Le Bastard écrivait :

« Pour qui connaît les habitudes des classes ouvrières, il n'est pas douteux que c'est la femme, à de rares exceptions près, qui administre le ménage ;

outre le produit de son travail particulier, elle reçoit de son mari une part plus ou moins grande du salaire qu'il a gagné et pourvoit avec ces ressources à l'entretien de la famille. C'est donc elle, la plupart du temps, qui doit être prévoyante et réaliser l'épargne (1). »

Ce rapprochement entre la qualité de maîtresse de maison, chargée de se procurer les fournitures nécessaires à la subsistance de la famille, que toutes les législations ont toujours reconnu à l'épouse, et les nouvelles attributions que lui confèrent les lois sur les caisses d'épargne, paraît exact et conforme à la réalité. Entre ces deux idées existe un lien intime qui apparaît même dans la langue : Elle est l'économe de la famille, pourrait-on dire, en donnant à ces termes leur double acception : elle est à la fois l'ordonnatrice du ménage, et celle qui a la charge de l'épargne. Son droit d'accomplir des opérations avec les caisses d'épargne, rentre dans la fonction générale de l'épouse, comme administratrice du foyer domestique.

On se rappelle même que le législateur de 1881 n'a pas aperçu seulement une connexité de fait entre ces deux rôles de la femme ; il y a cherché aussi une connexité juridique. C'est en vertu d'un mandat tacite du mari, du mandat domestique, que l'épouse acquiert à crédit, les objets utiles à l'entretien du ménage. C'est par application du même mandat

(1) *Journal Officiel*, 1881, Sénat, Annexe n° 23.

qu'elle peut entrer en rapports avec les caisses d'épargne. Jusqu'en 1881, a-t-on pu écrire, le mandat de la femme lui permettait seulement d'obliger la communauté, de l'appauvrir. Depuis les lois sur les caisses d'épargne, son mandat la rend capable d'effectuer des placements pour la communauté, c'est à dire en quelque sorte de l'enrichir (1). Dans les deux hypothèses l'épouse ne tiendrait son pouvoir que du consentement présumé du mari. Sa liberté disparaitrait avec la volonté contraire de ce dernier.

On pourrait essayer d'établir, que le mandat domestique, proprement dit, de l'épouse n'est pas bien éloigné d'être devenu dans la pratique, la source d'un droit propre, indépendant de la femme. On a vu, au cours de cette étude, comment les faits autorisent à déclarer, de même, que la faculté d'épargne de l'épouse se rapproche dans la réalité d'un pouvoir presque absolu que lui aurait conféré la loi. Acquisition de fournitures pour la famille, dépôts dans les caisses d'épargne, la théorie n'aperçoit dans la possibilité de ces opérations pour la femme, qu'une simple tolérance du mari. Dans la pratique, il y a là pour l'épouse l'exercice de fonctions personnelles et spéciales.

J'ai montré, au début de ce travail, comment la transformation de fait de la communauté, par suite principalement des effets inattendus de l'hypothèque

(1) *Journal des Caisses d'épargne*, 1889, p. 116.

légale, associe la femme dans les classes aisées aux actes importants accomplis par son mari. Si elle est propriétaire de biens propres étendus, ou si son mari ou la communauté possèdent des immeubles, son concours sera demandé pour la plupart des obligations du mari et pour toutes ses aliénations immobilières. On peut comparer à la situation ainsi faite à l'épouse, dans un monde assez fortuné, la situation qui lui ont assurée, dans les populations laborieuses, les lois sur les caisses d'épargne. La participation de la femme à la gestion des intérêts communs peut paraître sensiblement la même dans les deux situations, relativement aux ressources totales de la famille.

Si la femme plus aisée est appelée à collaborer avec son mari à des opérations en elles-mêmes plus considérables, l'ouvrière, la domestique, l'employée ou encore l'institutrice, accomplit seule, et pour ainsi dire, sans contrôle, les actes qui sont peut-être les plus importants pour les ménages pauvres. Si l'une peut par sa prudence, en refusant son consentement aux entreprises dangereuses du mari, empêcher la ruine de la communauté, l'autre peut, par ses habitudes d'économie et de prévoyance, assurer l'avenir de la famille, se précautionner contre les jours de gêne et de détresse éventuels.

Il n'est plus possible maintenant d'opposer de manière aussi tranchée la condition que les lois font à l'épouse dans les classes riches ou pauvres de la société. Les différences se sont atténuées, les contrastes se sont un peu émoussés, ont perdu le caractère rigoureux qu'ils présentaient à l'égard de la femme appartenant aux populations industrieuses. Plus d'équité et d'égalité a pénétré dans le droit matrimonial.

Le mérite en revient sans doute un peu aux lois, mais principalement à la pratique. C'est l'attitude persistante des caisses d'épargne en faveur de l'épouse qui a mis à l'abri de la saisie du mari les économies dont il pouvait s'emparer d'après la loi. Déjà, on se le rappelle, avant toute intervention législative, les règlements des caisses avaient limité le droit de retrait au mari. Après la loi de 1881 l'habitude s'était promptement établie dans les caisses de refuser tout paiement à ce dernier à moins d'y être contraint par une décision de justice. Après la loi de 1895, quand on dû renoncer aux anciens usages, on imagina des moyens nouveaux pour entraver la faculté du mari de mettre la main sur l'épargne de la femme. Faut-il voir dans ces tendances constantes des administrateurs des caisses un véritable désir de venir au secours de la femme ? Faut-il penser que, mis par leurs fonctions, en contact direct avec la réalité, ils ont pu voir la situation pénible que les rigueurs de la loi font souvent à la femme, et qu'ils ont cherché à y remédier dans la mesure de leurs moyens ? Il se peut. Mais il semble surtout qu'il y a eu une nécessité de fait pour les caisses d'agir comme elles l'ont fait. Eussent-elles été hostiles à l'épouse, qu'elles auraient pu difficilement adopter d'autres procédés.

La loi a autorisé la femme à déposer sans l'intervention maritale. Les caisses d'épargne sont entrées en relations avec l'épouse, et l'épouse seule. Elles ne connaissent qu'elle. Lorsque se présente un tiers, un étranger, le mari, qui réclame les sommes inscrites à un livret qui n'est pas à son nom, les administrateurs des caisses ne peuvent se rendre immédiatement à sa sommation. Ils redoutent d'être contraints de payer une seconde fois. Ils craignent d'engager leur responsabilité. Ils ne consentiront à payer, contrairement à leurs habitudes ordinaires, à une personne qui n'est pas titulaire du livret dont il exige le montant, qu'après bien des difficultés, qu'après avoir acquis la certitude qu'ils ne courent aucun risque. Après la loi de 1881, les caisses contraignent le mari à s'adresser à la justice, afin que son droit soit établi d'une manière incontestable. Après la loi de 1895, elles exigent la présentation du livret : autrement subsisterait non acquitté, le titre de la créance de l'épouse contre la caisse d'épargne, malgré le remboursement déjà effectué au mari. Et les caisses demandent aussi un acte de notoriété afin que leur responsabilité soit à couvert.

Le droit de déposer conféré par la loi à la femme, le droit d'acquérir un livret à son nom personnel, devait entraîner les caisses d'épargne à opposer des obstacles au retrait du mari, avec lequel elles ne sont pas en rapport et dont ils ignorent l'identité et les droits. Du moment qu'on entrait dans la voie des faveurs envers l'épouse, on était porté à aller jusqu'au bout, à déroger radicalement aux pouvoirs du mari. Il n'était pas aisé d'affranchir la femme, tout en maintenant intactes les prérogatives maritales. La loi n'avait voulu faire qu'une réforme partielle ; une nécessité logique a obligé la pratique à achever cette réforme. D'une innovation modeste est sortie par la force des choses, la situation présente de l'épouse en matière d'épargne, qui constitue un progrès notable sur la législation antérieure.

CHAPITRE XII

Le droit d'épargne de la femme mariée dans quelques législations étrangères.

Les lois sur les caisses d'épargne ont obtenu en France, on l'a vu, des résultats supérieurs à toutes les prévisions. Il conviendrait maintenant d'apprécier au point de vue législatif la condition qui a été ainsi faite à l'épouse. Mais auparavant il ne sera peut-être pas inutile d'examiner la législation de quelques pays étrangers en cette matière.

— En Angleterre, les principes du *Common Law*, du vieux droit civil, absorbaient, on le sait, la personnalité de la femme dans celle du mari. Dépourvue de toute individualité, l'épouse ne pouvait accomplir aucun acte juridique. L'accès des caisses d'épargne lui était donc fermé. Une loi spéciale le lui ouvrit.

Déjà un *act* de l'année 1828 (1) autorisait les mineurs à porter leurs économies dans les caisses. L'*act* du 20 novembre 1844 (2) ajoute également les femmes mariées à la clientèle des caisses d'épargne.

(1) 9 Geo IV, c. 92, sect. 25.
(2) 7 et 8 Vict. c. 83.

D'après la section 12 de cette loi (1), l'épouse peut effectuer un dépôt dans les caisses et en obtenir le remboursement. Cette liberté de la femme était sans doute fondée sur une idée de mandat tacite. Le mari pouvait en effet révoquer le mandat et exiger que le remboursement fut fait à lui-même.

Lorsque la loi de 1861 (2) créa une caisse d'épargne postale, la femme mariée fut admise à bénéficier de cette institution nouvelle, dans les mêmes conditions que pour ses opérations avec les anciennes caisses d'épargne (3).

Enfin la loi du 28 juillet 1863 (4) confirma la législation précédente (5).

Jusqu'ici, on ne constate aucune dérogation, au moins essentielle, à la rigueur de l'antique *Common Law*. Le pouvoir du mari de s'emparer des économies de sa femme, comme de la plus grande partie de ses biens, est maintenu.

Mais on sait que dans ces trente dernières années,

(1) Voici la traduction de cet article : « Les administrateurs et les directeurs de toute caisse d'épargne auront le droit de rembourser aux femmes mariées une somme quelconque afférente aux versements qu'elles auront faits avant ou pendant le mariage, à moins que le mari ne leur donne un avis écrit du mariage et n'exige que le remboursement soit fait à lui-même. »

(2) 24 Vict. c. 14.

(3) Cela résulte de la sect. 14 de cette loi qui étend à la caisse postale, les dispositions légales relatives aux anciennes caisses, lorsqu'elles ne sont pas contraires aux principes de la loi nouvelle.

(4) 26 et 27 Vict. c. 87.

(5) Sect. 31.

une série de lois généralisant et développant les restrictions que les cours d'*Equity* avaient déjà apportées à la toute-puissance maritale, ont graduellement fait passer l'épouse de la plus complète subordination à l'égard du mari à l'indépendance la plus absolue, peut-être, qui soit en Europe. Cette transformation dans la condition léga'e de la femme anglaise devait apparaître aussi dans les principes qui gouvernent ses rapports avec les caisses d'épargne.

L'acte du 9 août 1870 (1), d'abord, spécial aux classes laborieuses, attribue à l'épouse la propriété séparée de certains biens acquis durant le mariage, principalement des produits de son travail; et il facilite les procédés par lesquels elle peut se réserver la propriété des biens possédés au jour du mariage. Ces deux ordres de faveurs concédées à la femme se constatent en particulier dans les dispositions relatives à ses dépôts dans les Caisses d'épargne (2). — Toute somme en effet versée à la Caisse d'épargne par l'épouse avant le mariage demeure sa propriété personnelle; les remboursements seront faits entre ses mains, comme si elle n'était pas mariée.— D'autre part, tout versement opéré par elle après le mariage est supposé l'être au moyen de deniers propres, au moyen, par exemple de deniers provenant de ses gains, et est considéré comme sa propriété séparée. Mais dans ce dernier cas le mari peut faire la preuve

(1) 33 et 34 Vict. c. 93. *Annuaire de législation étrangère*, 1871, p. 55.
(2) Sect. 2.

contraire, établir que le dépôt a été effectué à l'aide de capitaux lui appartenant : lui seul alors aura droit au remboursement. — Aucun pouvoir spécial n'est ainsi accordé, on le voit, à l'épouse, dans ses opérations avec les caisses d'épargne. Sa liberté nouvelle de déposer et de retirer n'est que la conséquence de la séparation partielle décrétée à son profit par la loi de 1870. Investie de tous les droits de disposition sur des biens dont elle était dépouillée auparavant, elle peut les porter dans les caisses d'épargne, comme elle peut acquérir des titres nominatifs de nature diverse. Mais son droit est circonscrit aux seuls biens dont elle a la propriété personnelle.

Après une expérience de quelques années, qui parut favorable à l'extension des pouvoirs de l'épouse, la loi du 18 août 1882 (1) reconnut à la femme mariée la propriété séparée et indépendante non plus de certains biens, mais de l'ensemble du patrimoine. Le droit de l'épouse dans ses rapports avec les caisses d'épargne n'est pas élargi. Mais l'étendue des biens sur lesquels ce droit peut s'exercer est plus vaste. La séparation de biens entre les époux étant complète, la femme peut confier aux caisses d'épargne toute somme quelconque possédée par elle au jour du mariage, ou acquise par la suite, et en « toucher les intérêts... sans le concours de son mari » (2).

La liberté de l'épouse dans les actes qu'elle accomplit avec les caisses d'épargne, ne connaît donc plus

(1) 45 et 46 Vict. c. 75.
(2) Sect. 6.

aucune restriction. Elle est une des hypothèses particulières par où se manifeste l'indépendance obtenue aujourd'hui par la femme mariée en Angleterre.

— Avant d'être écartés en Angleterre, les vieux principes du *Common Law* avaient déjà subi de profondes modifications dans la plupart des législations des Etats-Unis. L'exemple Américain a même manifestement contribué au progrès de l'émancipation de la femme anglaise. Dans les Etats Américains où la disposition d'une propriété séparée plus ou moins étendue a été reconnue à la femme mariée, celle-ci dépose et retire librement à la Caisse d'épargne(1). Le mari ne peut exiger le remboursement des dépôts de sa femme qu'en prouvant devant les tribunaux qu'ils ont été effectués à l'aide de sommes lui appartenant. La situation de l'épouse est donc toute semblable à celle qui lui est faite en Angleterre.

— En Allemagne, le droit matrimonial est encore aujourd'hui d'une diversité extrême. Mais le Code civil allemand qui entrera en vigueur en l'année 1900 établira prochainement l'unité. On sait que le régime légal de ce code, comparable au régime exclusif de communauté du droit Français, attribue l'administration et la jouissance du patrimoine de l'épouse au mari. Mais une portion de la fortune de la femme, en particulier les produits de son travail, sont soustraits à l'action des pouvoirs du mari ; sous

(1) Voy. par exemple, pour l'Etat de New-Yok, la loi sur les Caisses d'épargnes de 1882, art. 258.

la dénomination de *Vorbehaltsgüt*, ils constituent à l'épouse une propriété reservée dont elle a la disposition absolue et indépendante. Dans les limites de ce pécule, la femme mariée peut donc incontestablement porter ses économies à la caisse d'épargne et en obtenir le remboursement.

— En Italie, d'après une loi du 27 mai 1875 (1), confirmée par la loi du 15 juillet 1888, un livret de caisse d'épargne peut être remis ou payé à l'épouse, sans l'intervention du mari, sauf opposition de la part de ce dernier (2). Et il semble, d'après le texte de la loi, que le mari puisse s'opposer ainsi non seulement aux retraits, mais encore aux dépôts de sa femme. — Il ne paraît résulter des lois italiennes sur les caisses d'épargne aucune faveur nouvelle à l'égard de l'épouse mariée sans contrat nuptial. Selon le Code civil italien, en effet, les biens de la femme constituent dans ce cas des paraphernaux ; les droits de l'épouse sont alors analogues à ceux de la femme séparée de biens en France. L'épouse qui n'avait pas fait de contrat de mariage avait donc déjà le pouvoir de déposer à la caisse d'épargne. Cette loi n'accorde un droit nouveau à la femme que si elle a, par des conventions matrimoniales, rendu dotal son patrimoine, ou l'a fait entrer dans une communauté réduite aux aquêts.

— Des principes analogues à ceux de la législa-

(1) *Annuaire de législation étrangère*, année 1876, p. 554.

(2) Art. 11 de la loi de 1875 ; art. 9 de la loi de 1888.

tion Italienne et Françaises, sont encore admis dans un pays de communauté comme le Portugal (1).

— En Belgique, l'épouse, soumise aux principes du Code civil Français, n'a pas obtenu le droit d'effectuer des versements à la caisse d'épargne sans l'autorisation maritale. Diverses tentatives sont faites auprès des pouvoirs publics, en faveur d'une extension sur ce point, de la liberté de la femme mariée. Elles n'ont pas encore abouti. Cependant, la loi du 13 mars 1865, relative à la fois à la caisse d'épargne et à une caisse de retraites pour la vieillesse, muette en ce qui concerne les dépôts de l'épouse à la caisse d'épargne, renferme une disposition favorable aux versements de la femme mariée à la caisse de retraites. D'après l'article 45 de la loi de 1865, sur le refus du mari de consentir à ses versements à la caisse de retraites, la femme peut obtenir du juge de paix, l'autorisation nécessaire. Et plus tard elle pourra toucher, sans l'intervention du mari, les arrérages de la rente viagère qu'elle s'est ainsi acquise. La réforme se trouve être ainsi beaucoup plus modeste que celle que réalisera la loi française de 1886, d'après laquelle la femme effectue des versements à la Caisse de

(1) Loi du 15 juillet 1885, art. 13, cf : *Annuaire de législation étrangère*, 1886, p. 310. — Il en est ainsi encore en Roumanie, (loi du 16 janvier 1880); dans la principauté de Monaco, loi du 27 septembre 1888, art. 2, (*Annuaire de législation étrangère*, 1889, p. 583).

retraites, sans aucune autorisation du mari ni même du juge de paix (1).

— Le rôle du juge de paix est plus considérable et vraiment intéressant dans la législation du Grand Duché du Luxembourg. D'après la loi du 14 décembre 1887 (2), en effet, la femme mariée, dans le Luxembourg, dépose librement dans les Caisses d'épargne : elle a droit également au remboursement, sauf opposition de la part du mari (3). Jusqu'ici l'économie de la loi est semblable à celle des lois françaises de 1881 et de 1895. Mais la différence apparaît dans les effets de l'opposition. L'opposition, dans le Luxembourg, est portée devant le juge de paix, et celui-ci peut attribuer le montant du livret, non seulement au mari, mais encore à la femme (4). Il

(1) C'est sans doute l'art. 45 de la loi belge de 1865, relative à la fois à la Caisse d'épargne et à la Caisse de retraites qui est l'origine d'une confusion et d'une erreur commise dans les travaux préparatoires de la loi française de 1881. Orateurs et rapporteurs ont parlé à l'envi dû droit que l'épouse avait en Belgique non seulement de déposer à la Caisse d'épargne, mais encore de retirer malgré l'opposition même du mari, sur décision conforme du juge de paix. La législation belge aurait ainsi et depuis longtemps, plus profondément dérogé aux principes du Code civil qu'on ne proposait de le faire en 1881. Or l'art. 45 ne permet les versements de la femme qu'avec l'autorisation du juge de paix, et on sait que, d'après la loi de 1881, l'épouse peut déposer en France sans autorisation de qui que ce soit, et contre le gré du mari. En outre et surtout l'art. 45 est spécial à la Caisse de retraites ; pour les Caisses d'épargne, les règles du Code civil sont maintenues dans leur rigueur.

(2) *Annuaire de législation étrangère*, 1888, p. 646.

(3) Art. 1.

(4) Art. 2.

lui est possible ainsi de déroger en faveur de cette dernière aux règles du droit matrimonial, d'autoriser l'épouse à retirer des sommes dont son régime nuptial lui refuse pourtant l'administration et la disposition. La loi de 1887 ajoute que la procédure aura lieu sans frais ; tous les actes seront dispensés de droits de timbre, et enregistrés gratuitement. Le caractère démocratique de la loi, plus particulièrement destinée aux classes pauvres, apparaît nettement ainsi.

Dans un petit Etat voisin ont donc été admis des principes que le Parlement Français refusa d'adopter lors du rejet en 1881 de l'amendement proposé par M. Bozérian. Or la législation du Luxembourg est celle du Code civil Français. La réforme accomplie au Luxembourg est donc un exemple, un précédent, pour ainsi dire, très précieux, sur lequel on pourra s'appuyer pour demander en France une réforme semblable.

CHAPITRE XIII

Critique et Conclusion.

I

Justification du droit d'épargne de la femme.

Une tendance générale se manifeste ainsi dans le droit Européen et même Américain pour admettre l'épouse à participer aux opérations des caisses d'épargne. Avec les formes nouvelles de la vie moderne, avec les transformations des conditions économiques, les valeurs mobilières se multiplient, l'habitude des placements à intérêt se généralise, les caisses d'épargne se propagent. On a dû alors songer naturellement à ce rôle de gardienne des économies de la famille, où de tout temps on a vu la fonction spéciale de l'épouse. Le rôle du mari est d'acquérir, et celui de la femme de conserver, avait écrit Aristote. (1) Tout en ne croyant plus qu'à l'homme seul il appartient d'acquérir, tout en obligeant l'épouse à devenir également un agent d'acquisition hors du foyer domes-

(1) Aristote, *Politique*, III, 2. 10.

tique, les peuples modernes ont néanmoins maintenu à la femme sa fonction d'épargne, lui ont permis les libres placements. L'observation de fait d'Aristote est devenue en partie un principe de droit positif.

Peut-on approuver les législations d'être entrées dans cette voie, et jusqu'où convient-il d'étendre, en cette matière, les droits de l'épouse ?

***

A. — Est-il prudent, tout d'abord, d'autoriser la femme mariée à déposer sans l'intervention de son mari ? La simple faculté même de l'épouse d'effectuer des versements à la Caisse d'Epargne avait été combattue lors des débats qui préparèrent le vote de la loi Française de 1881. On avait insisté sur le danger qu'il y avait de permettre à la femme de puiser librement dans la caisse commune. Les partisans de la loi avaient répliqué avec exactitude que l'on doit avoir pleine confiance dans une femme cliente des Caisses d'Epargne. Si elle a des habitudes de dissipation, l'épouse n'économisera pas. Si même elle avait assez de prévoyance pour songer à des dissipations futures, elle préfèrera acquérir des titres au porteur qu'elle dissimulera à son époux. Elle ne se rendra pas titulaire d'un livret nominatif au remboursement duquel le mari peut faire opposition.

En outre, il convient de le remarquer, la loi ne donne pas à la femme les moyens de s'emparer des fonds communs. Elle ne statue que sur l'emploi de ces fonds, une fois qu'ils sont déjà tombés entre les mains de l'épouse, soient qu'ils aient été acquis par son travail, soit qu'ils lui aient été remis par le mari. Antérieurement à la loi de 1881, la femme ne pouvait disposer des deniers en sa possession qu'en les dépensant ou en achetant des valeurs au porteur. Depuis la loi de 1881, l'épouse peut les économiser, effectuer un placement sûr. La loi n'encourage pas un détournement blâmable des ressources de la communauté. Elle permet seulement à l'épouse de faire de la menue monnaie, dont elle peut se trouver détentrice, un meilleur usage que celui qui lui était possible auparavant. Au lieu d'avoir uniquement la liberté de gaspiller, la femme a la faculté d'amasser peu à peu un petit pécule qui pourra être un jour d'un grand secours pour la famille et le mari lui-même.

Mais ne suffirait-il pas, du moins, d'octroyer à l'épouse le droit de porter ses dépôts dans les Caisses, en ne l'autorisant à retirer qu'avec l'assistance maritale? Il est louable, pourrait-on dire, de favoriser les habitudes d'épargne de la femme, en lui permettant les dépôts. Mais il est prudent de réprimer son penchant vers la dissipation, en lui interdisant les retraits. A cette objection encore il a été répondu lors de la discussion qui a précédé l'adoption de la loi de 1881. L'épouse qui n'aura pas le pouvoir d'exiger un remboursement ne déposera pas. Elle ne portera pas son épargne dans les Caisses, lorsqu'elle saura que cet acte la dépouille aussitôt de tout droit sur ses économies. Elle aimera mieux conserver ses deniers chez elle, ou les dépenser. Pour accoutumer la femme à prendre le chemin des Caisses d'épargne, il est nécessaire de compléter son droit de déposer par un droit de retirer.

Mais n'est-il pas indispensable cependant de maintenir le pouvoir supérieur du mari comme maître de la communauté? Celui-ci ne doit-il pas être seul juge de l'emploi définitif des sommes communes? Le législateur l'a pensé lorsqu'il a réservé à l'épouse la faculté d'opposition, lorsqu'il a même organisé, en 1895, une procédure rapide pour lui permettre d'obtenir aisément le montant du livret de la femme. Les obstacles que la pratique oppose aux retraits du mari, contraires à la loi, ne sont-ils pas également contraires à une bonne législation? C'est là la vraie question, la seule qui puisse aujourd'hui diviser les esprits.

Ici encore il semble que l'on doive se décider pour l'extension des droits de l'épouse, et la restriction des prérogatives maritales. La volonté du législateur d'accomplir une œuvre utile l'a conduit à ajouter à la liberté de déposer, la faculté de retirer. Mais cela même reste insuffisant. Pour encourager les habitudes de prévoyance de l'épouse, il faut mettre ses économies à l'abri des exigences du mari. S'il était aisé à ce dernier de s'emparer des dépôts de sa femme, celle-ci montrerait moins d'empressement à s'adresser aux caisses d'épargne. Elle cachera chez elle les deniers qui peuvent tomber entre ses mains, ou les dépensera. Elle mettra moins de zèle à veiller à une sévère économie dans le ménage. On risquera de revenir, avec quelques atténuations, à la situation qui était faite à l'épouse, lorsque le droit de déposer lui-même lui était refusé. Si l'on veut atteindre un but jugé désirable, on ne peut s'arrêter à mi-chemin dans la voie des concessions faites à la femme. Sous peine d'aboutir à un insuccès, ou au moins à un succès médiocre, on se trouve obligé d'accroître la liberté de l'épouse, de rendre plus profonde l'atteinte portée au pouvoir marital.

De plus, non-seulement la réforme ne produira de résultats satisfaisants qu'à la condition de ne pas rester inachevée, mais encore une réforme partielle est peut-être pratiquement irréalisable. J'ai montré, en effet, comment la force des choses a poussé les administrateurs des caisses d'épargne à entraver le pouvoir du mari d'obtenir le remboursement des sommes versées par la femme. Il ne leur est pas possible de remettre un livret d'épargne à une épouse non assistée de son mari, sans opposer plus tard des difficultés aux réclamations de ce dernier. Ils ne peuvent consentir un paiement au mari qu'ils ne connaissent pas, qui pour eux est un étranger, sans une décision de justice, sans la présentation du livret, sans des preuves nombreuses et compliquées. En vain la loi a imaginé une procédure nouvelle pour faciliter les retraits du mari. L'innovation est restée inefficace. La réforme imparfaite que le législateur a voulu faire, concevable en théorie, n'a pu s'appliquer dans la réalité, qu'en se transformant et se complétant.

Mais ce droit nouveau de la femme qui se lève en face des pouvoirs du mari, ces limites apportées à l'exercice des prérogatives maritales, ne sont-elles pas une cause de désunion et de discorde au sein de la famille ? On a exprimé en 1881 au Sénat la crainte que la loi sur les caisses d'épargne ne produisit ces conséquences regrettables. Mais les faits ne paraissent pas avoir montré l'exactitude des prévisions pessimistes. Pendant les seize ans qui se sont écoulés depuis la mise en vigueur de la loi, on n'a pas appris qu'elle fût une source de discussions et de querelles dans les ménages. L'extrême rareté des oppositions, relativement à la masse considérable des comptes ouverts à des femmes mariées sans l'intervention du mari, semble devoir écarter toute appréhension à cet égard. On sait même que la plupart des oppositions sont suivies d'une main-levée ou d'un remboursement aux deux époux, entre lesquels l'harmonie s'est rétablie bientôt. Les maris ont accepté la liberté que les lois sur les caisses d'épargne ont octroyée à l'épouse. Ils ont consenti à lui laisser exercer dans l'intérêt de la famille et le leur propre, les nouvelles attributions que les lois de 1881 et 1895 lui ont imparties.

*
* *

B. — On peut penser ainsi que la faculté d'épargne de la femme mariée, avec l'extension qu'elle a reçue en fait, se défend suffisamment au point de vue des résultats pratiques. Mais est-il possible de répondre également aux objections que l'on peut faire au droit nouveau de la femme, au point de vue de la construction juridique ?

En Angleterre et dans la plupart des législations des Etats-Unis, aucune restriction ne limite le pouvoir de la femme de porter ses économies à la caisse d'épargne et d'en obtenir leur restitution. Mais il en est ainsi seulement parce que et tant qu'elle effectue le dépôt au moyen de sommes dont elle a la propriété séparée et la libre disposition. De même en France, la femme séparée de biens doit avoir le droit de reprendre, malgré l'opposition du mari, les deniers déposés. Il en sera encore ainsi en Allemagne, d'après le nouveau code civil, pour l'épouse maîtresse de biens réservés, d'un *Vorbehaltsgut*. La liberté de la femme dans ses opérations avec les caisses d'épargne, n'est pas dans tous ces cas, une faveur spéciale de la loi ; elle résulte des pouvoirs généraux de l'épouse. Le système est d'une logique parfaite.

Mais lorsque la femme est mariée sous le régime de la communauté, ou sous un autre régime dans lequel le mari a l'administration du patrimoine de l'épouse, la situation est tout autre. La femme ne saurait déposer qu'à l'aide de sommes appartenant à la communauté dont le mari est le maître pendant sa durée, ou même appartenant en toute propriété au mari, comme dans le régime exclusif de communauté et le régime dotal, où l'époux a la jouissance de la fortune de l'épouse. Et on l'a dit : « Il ne peut y avoir d'épargne sur les biens d'autrui. » Admettre l'épouse à déposer et même à retirer librement, n'est-ce pas instituer dans les lois cette singularité d'une femme exerçant des droits de propriétaire sur des fonds qui ne lui appartiennent pas ?

On a justifié sans doute en 1881, le pouvoir d'épargne de l'épouse par l'idée du mandat. La femme opère bien des versements avec les capitaux du mari, mais elle n'agit qu'au nom de ce dernier. La théorie serait ainsi parfaitement élégante et orthodoxe.

Seulement on a vu que cette théorie était inexacte. Le droit de déposer de l'épouse ne repose nullement sur l'idée du mandat, puisque le mari est impuissant à révoquer le mandat, à interdire les versements de la femme. La faculté de retirer de l'épouse ne paraît pas non plus dans la pratique, être circonscrite dans les limites d'un simple mandat, puisque le droit d'opposition du mari est en quelque sorte paralysé en fait.

La fiction du mandat doit donc être écartée. Il faut reconnaître que la liberté d'épargne de la femme constitue bien une dérogation aux principes généraux du droit matrimonial. Seulement cette dérogation que l'on n'a pas voulu accepter ou avouer en 1881 n'est peut-être pas contraire aux règles d'une saine construction juridique.

Les pouvoirs du mari sur la communauté sont tellement étendus qu'on s'est habitué à considérer le patrimoine commun comme la chose du mari, pendant la durée de la communauté. On a dit ainsi que l'épargne de la femme serait faite « sur les biens d'autrui ». Mais il y a là une illusion manifeste. La fortune commune appartient aux deux époux, à la femme comme au mari. D'après les principes du code civil, l'un des copropriétaires le mari, exerce tous les droits actifs sur la communauté. Mais il n'est nullement inconcevable que certains droits puissent être également accordés à l'autre propriétaire, la femme. On admet sans peine, que de deux associés, l'un n'ait pas nécessairement tous les pouvoirs, et que le second reçoive aussi certaines attributions. L'épouse aura ainsi sans doute la gestion de sommes qui ne sont pas sa propriété exclusive. Mais le mari aussi dispose avec la plus grande liberté d'un patrimoine qui est celui de sa femme en même temps que le sien. Ce qui n'est pas illogique pour l'un des époux, ne saurait l'être pour l'autre. Le droit nouveau de l'épouse est contraire assurément aux règles du code civil, mais il n'est pas contraire à toute conception juridique du régime de communauté. Des fonctions différentes sont ainsi dévolues aux deux époux. Le mari conserve toujours un rôle prépondérant dans le gouvernement de la communauté. Mais à ses côtés une fonction spéciale, une fonction d'épargne est remplie par la femme. Chacun des conjoints se meut dans la sphère d'action qui lui est tracée par la législation.

Mais le pouvoir d'épargne de l'épouse ne se heurte-t-il pas à d'autres difficultés théoriques? En 1875, lors des premiers efforts qui furent faits en France pour ouvrir aux femmes mariées l'accès des caisses d'épargne, un des orateurs à l'Assemblé nationale s'était écrié : « C'est une séparation en masse que vous allez prononcer. » N'introduit-on pas en effet ainsi une séparation partielle dans le régime de communauté ; n'institue pas une combinaison singulière de deux régimes qui s'excluent ?

Une véritable confusion est faite par les auteurs de cette objection qui est adressée également aux tentatives récentes faites pour accorder à la femme la disposition des produits de son travail. On ne distingue pas assez dans cette opinion deux idées fort différentes : celles de l'administration et de la propriété du patrimoine commun. Une séparation de biens impliquerait l'attribution de la propriété exclusive à la femme d'une portion de la communauté. Mais le droit d'épargne de l'épouse ne lui permet que la gestion de certaines sommes communes, non pas leur appropriation définitive. A la dissolution du mariage le pécule économisé se partagera par moitié entre elle et son mari ou leurs héritiers. En conférant un pouvoir d'administration à la femme mariée, on ne modifie que les principes du code relatifs à la situation respective des époux dans le gouvernement des intérêts conjugaux ; on ne porte aucune atteinte au caractère essentiel du régime légal du code, qui est la mise en communauté des biens des conjoints. La communauté aura deux administrateurs, aux droits encore très inégaux, du reste, au lieu de n'en avoir qu'un seul ; mais la composition même, l'étendue de la communauté demeure invariable. On ne saurait parler de séparation de biens. Les idées fondamentales de la communauté sont respectées.

La capacité nouvelle de l'épouse se concilie également avec le régime exclusif de communauté ou le régime dotal. Dans ces régimes, le mari a l'administration et la jouissance de la fortune de sa femme. Mais on peut concevoir aussi bien, que l'épouse ait l'administration sous une forme déterminée, sous la forme des placements à la caisse d'épargne, de son propre patrimoine ou même du patrimoine du mari. Au pouvoir de gestion du mari, correspond un pouvoir de gestion beaucoup plus modeste de la femme. Seulement dans ces régimes, à moins que l'épouse ne possède des paraphernaux, ou ne se soit réservé la jouissance d'une partie de ses revenus, toutes les économies du ménage appartiennent au mari. La femme n'a droit qu'à la restitution de ses propres à la dissolution du mariage. A ce moment, de même que ses biens personnels seront remis à l'épouse, de même le montant du livret de caisse d'épargne devra être attribué en totalité,sans partage, au mari ou à ses héritiers. L'extension des pouvoirs de la femme se limite encore ici à l'administration des biens des conjoints ; elle est étrangère à la question de la propriété de ces biens.

Il semble donc que le droit d'épargne de l'épouse, si bienfaisant par ses conséquences de fait, s'adapte parfaitement aux différents régimes nuptiaux, ne rompt pas l'harmonie de la construction juridique. Il serait téméraire, au reste, de songer maintenant à revenir sur une législation si profondément entrée dans les mœurs. On ne saurait retirer le droit de déposer à cette multitude d'épouses, qui depuis la promulgation de la loi de 1881, ont bénéficié de l'institution des caisses d'épargne, et dont le nombre, supérieur à un million à la fin de l'année 1893, attendra sans doute un million et demi au terme de l'année en cours. On ne doit pas penser non plus à rendre plus aisément accessible au mari le remboursement des économies de sa femme, détromper les espérances de ce million d'epouses, démentir la certitude acquise par elles que leur épargne ne tombera pas trop facilement entre les mains du mari. Comme pour la législation, les usages de la pratique sont déjà trop anciens, profitent à une trop grande masse de femmes, pour qu'on puisse les supprimer.

Mais peut-être serait-il utile de consacrer les tendances de la pratique, et en les consacrant, de les corriger et de compléter l'œuvre déjà réalisée.

II

La réforme désirable au cas d'opposition du mari. — L'intervention du juge de paix.

La conduite des administrateurs des Caisses d'Épargne, quelque favorable qu'elle soit aux intérêts de l'épouse, ne parvient pas cependant à leur assurer une suffisante protection.

Un ensemble de difficultés entravent sans doute l'action du mari qui réclame le montant du livret de sa femme. Ces difficultés cependant ne sont pas insurmontables. Et elles sont moindres, dans une certaine mesure depuis la loi de 1895. On a vu, avant l'entrée en vigueur de cette loi, une vingtaine de maris, se décider à faire appel à l'intervention judiciaire nécessaire, et faire admettre leur demande par les tribunaux. Sous l'empire de la législation nouvelle les maris réussiront peut-être un peu plus souvent à présenter le livret et l'acte de notoriété exigés par les règlements des Caisses d'Epargne. L'épouse pourra donc dans des hypothèses, d'une extrême rareté, il est vrai, être dépouillée d'économies parfois amassées au prix d'un long labeur. On ne saurait déclarer entièrement satisfaisant, un état de choses qui a pu légalement permettre à un mari, on se le rappelle, de s'emparer de l'épargne de sa femme abandonnée par lui depuis vingt ans.

En outre l'opposition entraîne toujours une conséquence défavorable pour l'épouse. On ne rembourse pas aisément au mari, sans doute ; mais on ne rembourse pas non plus à la femme. On sait même que l'opposition produit aussi cet effet à l'égard de la femme mariée sous le régime de la séparation de biens. C'est alors à l'épouse à exercer une action judiciaire coûteuse. On a pu constater ainsi le chiffre notable des oppositions pour lesquelles n'intervient aucune solution, et qui n'aboutissent à aucun paiement entre les mains de l'un ni de l'autre des époux.

Il est vrai, que d'après la loi de 1895, l'opposition se prescrit par un délai de cinq ans si elle n'est pas renouvelée. Mais il dépend toujours du mari d'effectuer ce renouvellement. Et pendant ces cinq ans, en outre, l'épouse demeure privée d'économies qui seraient peut-être un secours très précieux pour une famille besoigneuse.

D'autre part il convient de songer un peu aussi aux intérêts parfois fort légitimes du mari. On se souvient que dans quelques cas, en nombre très restreint, sans doute, l'opposition maritale se fondait sur l'inconduite de l'épouse. Les règlements des Caisses d'Epargne, bienfaisants en général, servent alors à une protection peu équitable des abus de l'épouse. Il serait désirable, parfois, que le mari pût faire reconnaître en pratique le pouvoir qu'il tient de la loi.

Enfin, même si le mari réussit à obtenir le remboursement des sommes déposées par sa femme, il n'aura pu y arriver qu'au prix de sacrifices pécuniers relativement considérables. Selon la jurisprudence la plus générale, il lui fallait, antérieurement à la loi de 1895, supporter les frais de l'instance judiciaire. Maintenant encore, s'il ne possède pas le livret de l'épouse, dont la présentation est demandée par les caisses d'épargne, ou si on ne consent pas à lui délivrer un acte de notoriété, qui n'est pas gratuit, du reste, lui-même, il est encore contraint d'engager un procès dont il devra vraisemblablement payer les dépens. On peut se féliciter, en général, de la nécessité pour le mari de recourir à ces formalités, parce qu'elles ont comme conséquence de le faire renoncer à ses projets. Mais on doit reconnaître que si l'accord ne peut s'établir entre les époux, si le mari se résout à la dépense, les frais qu'il subit sont une perte regrettable et fort élevée peut-être pour un ménage pauvre.

Dans l'intérêt de l'un et l'autre des époux ainsi, et de la famille en général, on peut désirer une réforme qui modifie la législation et la pratique elle-même.

Comme on l'a proposé au Sénat en 1881, comme le décide la loi de 1887, dans le Grand-Duché du Luxembourg, on pourrait prescrire au juge de paix d'être en cette matière l'arbitre des contestations entre les conjoints. Toute opposition au sujet de laquelle les époux ne seraient pas arrivés à s'entendre serait portée devant lui par le mari ou la femme. Le juge de paix ne serait pas tenu de statuer selon les principes du Code civil. Il jugerait selon les circonstances de fait, non pas selon les règles établies du droit matrimonial. Il aurait pouvoir d'ordonner la main-levée de l'opposition maritale et de laisser à l'épouse, lorsqu'il l'en croirait digne, la gestion de ses économies. Mais il attribuerait au mari le montant du livret d'une femme qui s'est mise à vivre dans l'inconduite. Comme dans le Luxembourg, la procédure se ferait sans frais ; tous les actes seraient dispensés du droit de timbre et d'enregistrement.

On mettra fin, de cette manière, aux abus possibles, dans la situation actuelle, tant de la part du mari que de la part de l'épouse. On allégera les dépenses ; et par suite le nombre des oppositions demeurées en suspens diminuera. On aura porté remède aux inconvénients qui peuvent être reprochés aujourd'hui à la pratique.

La femme sera investie parfois ainsi, sans qu'aucune séparation de biens soit intervenue, d'un pouvoir que lui refusent les principes du code civil. Le Sénat en 1881 écarta l'amendement de M. Bozérian réalisant la réforme que je crois désirable, précisément parcequ'il créait « au profit de la femme un droit trop étendu... qui ferait obstacle à la puissance maritale. (1) » La loi de 1881 au contraire ne touchait pas aux pérogatives du mari. Mais on a vu l'inexactitude de cet idée. Par elle même et plus encore par les effets qu'elle a obtenus dans la réalité, la loi de 1881 comme la loi de 1895 a dérogé aux règles du code, a conféré à l'épouse un droit d'épargne presque indépendant. Et j'ai montré que ce droit n'est nullement incompatible avec les traits essentiels de la communauté ni des autres régimes nuptiaux. Les dispositions nouvelles que l'on introduirait dans la législation, en autorisant le juge de paix à trancher aux profits de la femme le conflit survenu entre les époux, n'apporteraient donc aucune modification de principe à l'état de choses déjà existant ; elles le réglementeraient seulement et le corrigeraient.

Le juge de paix en repoussant la demande de remboursement du mari, ne réserverait à l'épouse, suivant

(1) *Journal Officiel* du 29 mars 1881.

des idées que j'ai indiquées, que l'administration de ses économies, non pas leur propriété. A la dissolution du mariage, les règles ordinaires du droit matrimonial reprendraient leur empire. Le pécule épargné par la femme se partagerait, par exemple, entre des époux mariés sous le régime de la communauté. Mais ne serait-il pas possible d'aller plus loin ? ne pourrait-on pas écarter parfois les principes du code relatifs même à la propriété des biens des conjoints, et attribuer en totalité le montant de son livret d'épargne à la femme ?

La loi Genevoise de 1894, (1) qui confère à l'épouse la libre disposition des produits de son travail, lui permet également de conserver le pécule qu'elle pourra avoir ainsi en sa possession, tout en renonçant à la communauté. Une réforme un peu semblable, mais plus modeste, en matière d'épargne, ne ferait que consacrer et généraliser en France des tendances qui se sont déjà manifestées dans la pratique. On se rappelle, en effet, que certains tribunaux, et les administrateurs des caisses d'épargne parfois, s'efforcent par des moyens un peu détournés de conserver à l'épouse, malgré la dissolution du mariage, la propriété des sommes inscrites à son livret. Dans la législation Française elle-même, des idées analogues à celles que je propose ne sont pas entièrement inconnues. On sait que d'après la loi de 1886 sur la caisse de retraites pour

(1) *Annuaire de législation étrangère*, 1895. p. 634.

la vieillesse, le juge de paix peut en cas d'éloignement ou d'absence de l'un des conjoints, depuis plus d'une année, autoriser l'époux présent, même marié sous le régime de communauté, à effectuer des versements à son profit exclusif. (1) L'un des époux peut s'approprier de cette manière des ressources qui strictement appartiennent en commun à lui et à son conjoint.

On n'aperçoit pas l'inconvénient qu'il y aurait à adopter pour les versements à la Caisse d'épargne des principes voisins de ceux qui sont déjà admis pour la Caisse de retraites. Dans certaines circonstances, le juge de paix aurait pouvoir de laisser l'intégralité de ses dépôts à la veuve, malgré sa renonciation à la communauté. La réforme pourrait même être limitée à l'hypothèse où aucun créancier de la communauté ne serait lésé, ou à la somme qui demeurerait après que les créanciers auront été indemnisés. De la même manière, les tribunaux civils auraient le droit, après avoir prononcé le divorce ou la séparation de corps, d'allouer à la femme, les sommes portées à son livret. Il y aurait là, suivant les cas, un droit de succession d'une nature particulière, ou une avance sur la pension alimentaire à laquelle le mari serait condamné après le divorce ou la séparation. La même faveur ne pourrait être faite aux héritiers de la femme : ce serait un privilège personnel de l'épouse. L'inter-

(1) Loi du 20 juillet 1886, art. 13.

vention des tribunaux écarte toute crainte de préjudice grave fait au mari. Ils ne porteront atteinte aux règles du Code civil que dans les hypothèses, où la situation de l'épouse sera particulièrement pénible, et digne de commisération.

III

L'extension du droit d'épargne de la femme mariée.

Il serait possible encore d'encourager les habitudes économes de l'épouse, en lui permettant d'autres modes de placements que les versements dans les Caisses d'épargne ou de retraites.

— Déjà, aujourd'hui, on l'a vu, la femme peut acquérir des rentes par l'intermédiaire des Caisses d'épargne. Peut-être pourrait-on généraliser cette règle. La femme aurait le droit, sans être tenue de recourir à l'entremise des Caisses, d'employer son épargne en valeurs nominatives d'Etat, ou encore en titres de sociétés ou compagnies privées que la loi désignerait. Ces valeurs ne pourraient être aliénées que par les deux époux agissant conjointement.

Les femmes ont fait jusqu'ici un bien faible usage du moyen, que leur donnaient les lois sur les caisses d'épargne, d'effectuer des placements en rentes. Ce fait provient peut-être de l'ignorace où on est dans le public, de ce procédé aisé d'acheter des rentes sans frais. Une loi spéciale qui conférerait à l'épouse le même pouvoir sans l'obliger à s'adresser aux caisses d'épargne, obtiendrait-elle des résultats plus considérables ? Il est possible. Mais on ne saurait l'affirmer : car l'abstention des femmes jusqu'ici peut s'expliquer par un autre motif. A l'occasion des caisses d'épargne j'ai souvent eu à répéter cette observation que la femme qui ne peut retirer, ne dépose pas. De même, si la femme ne s'empresse pas d'acquérir des rentes, c'est peut être parce qu'elle n'a pas le droit de les aliéner. Elle préfère acheter des valeurs au porteur dont elle a pratiquement la libre disposition, ou opérer des versements à la caisse d'épargne. Dans l'organisation présente du régime de communauté, on ne pourrait cependant, semble-t-il, autoriser l'épouse à aliéner seule les valeurs nominatives qu'elle aurait acquises.

Limitée de cette manière, la réforme présenterait du moins, une utilité notable pour une femme qui se propose uniquement d'entraver le penchant à la dissipation du mari, sans désirer avoir elle même la libre gestion de ses économies. Il lui sera possible de mettre à l'abri des gaspillages du mari des sommes supérieures au maximum des dépôts à la caisse d'épargne. Et elle n'aura pas à craindre comme dans un placement en valeurs au porteur, que le mari ne parvienne à s'emparer des titres et ne les vende aisément. Une certaine fortune de réserve, soustraite à la libre disposition de l'un ou l'autre des conjoints, pourra être constituée par l'épouse.

— On étendrait ainsi les principes déjà admis pour

les caisses d'épargne, à des formes de placements un peu analogues. On pourrait, de même, prendre exemple sur les règles en vigueur au sujet de la caisse de retraites pour la vieillesse, pour proposer une extension semblable des droits de l'épouse. La femme devrait être capable de devenir membre, sans l'autorisation maritale, des sociétés de secours mutuels, répondant à certaines conditions ou garanties que la loi indiquerait. Peut-être même n'y aurait-il pas d'inconvénient à ne déterminer d'aucune façon les sociétés de prévoyance dans lesquelles l'épouse pourrait obtenir accès. On s'en remettrait à sa prudence pour faire un choix judicieux.

On sait que la caisse de retraites n'a pas obtenu grande faveur auprès du public, de sorte que le nombre de femmes qui bénéficient des dispositions libérales de la loi de 1886 ne doit pas être fort considérable. Il est permis d'espérer que l'affluence des femmes mariées dans les sociétés de secours mutuels sera plus grande.

Quant aux avantages, pensions ou autres, que l'épouse même soumise au régime de communauté, se procurera ainsi, ils ne tomberaient pas en communauté, mais lui seraient propres, sans créer à sa charge, une dette de récompense. La modicité des sommes que la femme aura prises au jour le jour dans la communauté, pour remplir les obligations pécuniaires imposées aux membres de la société de secours, le caractère humanitaire de la faveur ainsi faite à l'épouse, ne permettent pas de penser qu'il y aurait là une source de préjudices graves et injustes pour la communauté.

— D'après les lois en vigueur, deux modes de mesures de prévoyance sont possibles à l'épouse : les mesures de prévoyance en vue d'un avenir reculé, comme les versements à la caisse des retraites, et celles quisont prises en vue de circonstances plus rapprochées, comme les dépôts dans les caisses d'épargne. Par l'octroi à l'épouse du droit d'acquérir des titres nominatifs, et par sa libre admission dans les sociétés de secours mutuels, on encouragerait l'épouse à l'une et l'autre forme d'épargne.

Et il n'y a peut être qu'avantage, à augmenter en cette matière, les droits de la femme, Ceux là même, qui sont hostiles en général à l'indépendance de l'épouse, admettent, semble-t-il, en cet ordre d'idées, une législation favorable à une plus grande liberté de la femme. Les esprits qui sont contraires à une émancipation féminine trop large, redoutent de voir la femme oublier le rôle auquel elle est normalement destinée, pour usurper une activité masculine qui ne saurait lui convenir. Insistant sur l'idée de la diversité naturelle des fonctions, ils voudraient que l'épouse demeurât auprès du foyer, toute à ses attributions domestiques, uniquement soucieuse de ses devoirs, comme maîtresse de maison, et comme mère de famille. Ils doivent par suite considérer la faculté d'épargne, comme une de ces fonctions spéciales à l'épouse, agent de conservation dans le ménage, alors que le mari est l'agent d'acquisition. Ils doivent être d'accord ici avec les partisans de la liberté féminine la plus complète.

IV

Les lois sur l'épargne de la femme et les propositions de lois lui conférant la libre disposition des produits de son industrie personnelle.

Les lois sur les caisses d'épargne ont notablement amélioré la situation des femmes mariées dans les classes populaires. Cependant leur sort reste souvent encore pénible. Aussi s'explique-t-on que l'on demande au Parlement l'approbation de réformes destinées à assurer une certaine indépendance à l'épouse dans la population laborieuse. Seulement ces réformes paraissent parfois beaucoup plus inspirées par le désir d'inscrire dans les lois des principes théoriques favorables à la femme, que par la préoccupation des résultats pratiques. Il n'est pas sans intérêt de les comparer à cet égard aux lois sur les caisses d'épargne.

Dans la séance du 27 février 1896, (1) la Chambre des Députés a adopté une proposition de loi présentée par M. *Goirand* qui accorde à l'épouse la libre disposition des produits de son travail. La proposition de M. Goirand était le résultat d'une active propagande

(1) *Journal Officiel* du 28. Débats Parl. Chambre, p. 313.

faite par la société l'*Avant Courrière* qui dans ses publications laisse apparaître ses sympathies pour le régime de la séparation de biens, et ses aspirations vers une transformation complète du droit matrimonial Français.

Les principes admis par la Chambre dérogent aux règles du code civil, et modifient sensiblement l'économie générale du régime de communauté. Mais ils n'apportent aucun secours réel a l'épouse. Ils l'autorisent à recevoir ses salaires et a les dépenser pour les besoins de la famille. Il devient impossible au mari ou à ses créanciers d'obtenir du patron ou employeur les gains de la femme. Rien de plus. Ce que la femme acquiert avec son salaire, les meubles qu'elle achète, les économies qu'elle réalise, entrent en communauté, tombent sous l'empire des pouvoirs du mari, peuvent être saisis par les créanciers.

Or cet état de choses existe déjà en fait. J'ai montré au début de cette étude qu'en pratique l'épouse touche toujours elle-même la rémunération de son travail. Et une fois qu'elle a appréhendé son gain, le mari pourrait difficilement l'empêcher par un moyen légal de le dépenser pour les besoins domestiques. Sur un point seulement, une amélioration de la condition concrète de la femme pouvait résulter de la proposition Goirand. Toute saisie-arrêt sur ses salaires est interdite aux créanciers du mari. Mais ici encore la loi du 12 juin 1895, relative à la saisie-arrêt sur les salaires et les petits traitements, rend presqu'inutiles les règles adoptées par la Chambre.

L'innovation aurait dû consister dans l'octroi à l'épouse de la libre disposition de ce qu'elle pourrait acquérir à l'aide de ses gains, et en particulier des économies qu'elle pourrait réaliser. Mais M. Goirand déclare, dans son exposé des motifs (1), ainsi que dans le rapport présenté par lui à la Chambre (2), se refuser à porter une atteinte aussi profonde aux principes du Code civil.

Or la réforme que M. Goirand juge trop radicale, trop opposée à la législation en vigueur, se trouve avoir été déjà en partie réalisée. Si la femme mariée n'a pas la disposition de ses économies sous une forme quelconque, elle a du moins la gestion presqu'indépendante des économies qu'elle porte à la caisse d'épargne. Malgré ses tendances vers une modification totale des principes du Code, l'*Avant-Courrière* hésite à demander l'institution d'un état de fait, que les lois sur les caisses d'épargne ont établi sans bruit. Et on arrive ainsi aux observations suivantes : Ce que le projet de la Chambre décrète, existe déjà dans la pratique. Et ce qu'il n'ose pas décider, la législation et la pratique antérieure l'ont déjà effectué.

Il convient donc de ne pas se borner à déplorer la situation présente de l'épouse dans les classes laborieuses pour espérer trouver le remède dans le triomphe d'une proposition en réalité inefficace et illusoire. Il faut s'appuyer sur la réforme déjà accomplie

(1) *Journal Officiel*, 1894. Chambre. Annexes n° 80, p. 1133.
(2) *Journal Officiel*, 1895. Chambre. Annexes n° 1309, p. 1172.

en faveur de la femme mariée par les lois sur les caisses d'épargne, et dont une expérience assez longue a montré les résultats bienfaisants, pour en demander une plus étendue. Comme dans le Danemark (1), la Norwège (2), le canton de Genève (3), pays de communauté, la législation française devrait accorder à la femme mariée la disposition de ce qu'elle obtient au moyen de ses gains, des meubles, des économies. Ces biens échapperaient à l'action des pouvoirs du mari et à la saisie des créanciers.

En invoquant le précédent des lois sur les caisses d'épargne, on répondrait avec plus de force aux objections de ceux qui redoutent de voir apporter une trop grande dérogation aux principes du code. Les droits qui seraient ainsi conférés à l'épouse ne seraient pes une entière nouveauté dans la législation française. Ils seraient très voisins des pouvoirs de fait que possède la femme sur les sommes inscrites à son livret de caisse d'épargne. Dans les deux cas, le pécule géré par l'épouse ne cesserait pas de faire partie de la masse commune, et serait partagé entre les conjoints ou leurs héritiers à la dissolution du mariage. Mais des droits d'administration et de disposition sur une portion déterminée de la communauté seraient exercés par la femme, à côté des pouvoirs très étendus qui demeurent au mari sur le restant

(1) Loi du 7 mai 1880. *Annuaire de législation étrangère*, 1881, p. 533.
(2) Loi du 29 juin 1888, art. 31. *Annuaire*... 1889, p. 702.
(3) Loi du 7 novembre 1894. *Annuaire*... 1895, p. 631.

de la communauté. Mettre un second administrateur à la tête de la communauté, mais au-dessous du mari, voilà tout ce que ferait la réforme nouvelle ; et c'est le résultat qu'ont déjà obtenu les lois sur les caisses d'épargne.

C'est pourquoi, au reste, on ne doit pas s'attendre à ce que cette réforme, même ainsi complétée, produise des conséquences utiles bien considérables. La loi en effet ne serait pas faite pour les familles unies où rien ne s'accomplit que du consentement des deux conjoints. Elle se proposerait la protection de la femme mariée dans des ménages où le mari dissipateur ou indigne mésuse de ses pouvoirs. Dans de tels milieux, il ne suffit pas d'octroyer à l'épouse des droits étendus ; il faudrait la rendre capable de défendre ces droits contre le mari, l'armer contre la force brutale de ce dernier ; il faudrait que la femme puisse empêcher le mari de s'emparer par la violence de ses salaires et des acquisitions faites avec ses salaires Or toute loi serait impuissants à obtenir directement ce résultat ; on ne peut législativement supprimer des abus qui tiennent à la nature humaine.

Mais alors on doit chercher des moyens indirects grâce auxquels l'épouse puisse conserver les biens dont la loi lui laisse la disposition ; elle doit pouvoir dissimuler ces biens et les mettre loin de la portée de la saisie du mari. Dans ce but la femme dépensera ses salaires en fournitures pour le ménage avant de rentrer à son domicile, où elle les économisera et se hâtera de les placer hors de la maison commune.

C'est la possibilité pour l'épouse de recourir à ces procédés, en apparence secondaires, qui permettra à la loi de ne pas demeurer inefficace. Mais à cet égard la pratique et les lois sur les Caisses d'Epargne assurent déjà à la femme une protection presque suffisante. Aujourd'hui, la femme a en fait la disposition de ses salaires, et elle peut effectuer des placements. L'effet positif principal que pourrait avoir la réforme nouvelle se trouve avoir été déjà atteint par avance.

L'extension des droits de la femme sur les produits de son industrie personnelle serait cependant bienfaisante pour l'épouse sur certains points, où les lois sur les caisses d'épargne ne lui sont d'aucun secours. Les meubles acquis par la femme à l'aide de ses gains ne pourront plus, par exemple, être légalement vendus par le mari, et ils échapperont à toute saisie de la part des créanciers de ce dernier. De même il serait loisible à l'épouse d'effectuer tous les placements qu'elle trouve désirables de confier même ses capitaux à l'industrie privée ; elle ne serait pas limitée au seul placement dans les caissss d'épargne. En outre ses économies seraient soustraites à toute saisie des créanciers du mari.

Dans la matière même des versements à la caisse d'épargne, la réforme ne serait pas sans utilité pour la femme. Les dépôts de celle-ci ne seraient plus toujours effectués au moyen de sommes qui légalement, si elles n'étaient pas portées dans les caisses d'épargne, devraient rester à la disposition du mari.

L'épouse confierait aux caisses d'épargne les économies réalisées sur ses salaires dont elle seule a la gestion. Il ne subsisterait plus la possibilité d'objecter comme aujourd'hui que l'épargne de la femme est constituée au moyen des « biens d'autrui. » Le droit d'opposition du mari aux retraits de sa femme disparaitra, par suite, dans beaucoup d'hypothèses, où se trouvera paralysé davantage encore dans la pratique. Il ne lui suffira pas de justifier seulement de sa qualité de mari et de chef de la communauté. Il devra prouver encore que les deniers déposés par sa femme ne proviennent pas de ses gains personnels, mais ont été pris dans les capitaux demeurés soumis à l'administration maritale.

Il existe ainsi un lien entre les lois sur l'épargne de l'épouse, et celles qui lui réserveraient la disposition des produits de son travail. Les deux ordres de lois se compléteraient mutuellement. Les secondes serviraient de fondement théoriques aux autres ; et les premières à leur tour empêcheraient les suivantes de ne pas rester sans grande portée positive. Mais c'est du triomphe des réformes capables de produire des résultats pratiques importants, que l'on peut surtout se féliciter. On doit avoir en vue moins les innovations théoriques parfois inefficaces que les conséquences de fait. Des réformes nouvelles, sans doute souhaitables, risquent, malgré les innovations radicales qu'elles apporteraient aux principes admis, d'être, en définitive, moins bienfaisantes pour l'épouse que ne l'ont été des lois d'allure plus modeste, mais plus proches des réalités concrètes, comme les lois sur les caisses d'épargne.

Vu :
Le Président de la Thèse,
A. ESMEIN.

Vu
Le Doyen,
GARSONNET.

Vu et permis d'imprimer
Le Vice-Recteur de l'Académie de Paris
GRÉARD.

TABLE DES MATIÈRES

Pages

Préface 5

Chapitre I. — Le Code civil et la condition pécuniaire de l'épouse dans les classes laborieuses........ 9

I. — La condition de l'épouse indépendamment du régime matrimonial.................... 10

II. — Les régimes matrimoniaux............. 17

Chapitre II. — Les transformations du droit matrimonial dans la pratique..... 31

I. — Le régime de la communauté dans la pratique................... 31

II. — Les restrictions apportées dans la pratique à la rigueur des principes en faveur de l'épouse dans les classes laborieuses................ 35

Chapitre III. — Les lois de 1850 et de 1886 sur la Caisse de retraites pour la vieillesse.............. 42

Chapitre IV. — Les lois sur les Caisses d'épargne.. 59

Les usages de la pratique antérieurement à l'intervention législative.................. .. 60

Chapitre V. — Les tentatives faites avant la loi de 1881 pour étendre les droits de la femme mariée en matière d'épargne 69

Chapitre VI. — La loi de 1881 sur les caisses d'épargne. — Les travaux préparatoires. — L'interprétation législative de la disposition relative à l'épouse 76

CHAPITRE VII. — L'interprétation doctrinale de la disposition de la loi de 1881 relative à l'épouse.... 89

CHAPITRE VIII. — Les résultats obtenus par la loi de 1881. — La grande extension de la portée de la loi dans la pratique........................ 93

I. — Le droit de déposer de l'épouse. — Nature juridique de ce droit........................ 94

Chiffres relatifs aux dépôts des femmes mariées. 97

II. — Les retraits de la femme mariée. — Le droit d'opposition marital. — Formes des oppositions. 100

Leur faible nombre 105

III. — Les effets de l'opposition et les principes du mandat........................ 110

Les entraves apportées au droit d'opposition du mari 119

Nombre minime des remboursements effectués au mari seul.. 121

IV. — La théorie et la pratique. — Les dérogations aux principes du mandat 124

CHAPITRE IX. — La loi de 1895 sur les caisses d'épargne.. 127

I. — Les travaux préparatoires de la loi......... 127

II. — Les innovations de la loi de 1895 relativement au droit d'opposition marital........... 132

III. — Les résultats de la loi de 1895........... 138

CHAPITRE X. — Les extensions du droit d'épargne de l'épouse.................................. 147

I. — Attribution à la femme mariée de la propriété de son épargne 147

II. — Acquisition par l'épouse de titres de rente

nominatifs............. 156

CHAPITRE XI. — La fonction nouvelle de la femme mariée, comme gardienne des économies de la famille.................................... 163

CHAPITRE XII. — Le droit d'épargne de la femme mariée dans quelques législations étrangères..... 170

CHAPITRE XIII. — Critique et conclusion............. 179

I. — Justification du droit nouveau de la femme.. 179

II. — La réforme désirable au cas d'opposition du mari....... 190

L'intervention du juge de paix............... 193

III. — L'extension du droit d'épargne de la femme mariée................................ 197

IV. — Les lois sur l'épargne de la femme et les propositions de loi lui conférant la libre disposition des produits de son industrie personnelle. 201

TABLE.............. 209

Parthenay. — Imp. A. RAYMOND, rue de la Saunerie

www.ingramcontent.com/pod-product-compliance
Ingram Content Group UK Ltd.
Pitfield, Milton Keynes, MK11 3LW, UK
UKHW020322230726
13925UKWH00002B/574